연구모형을 활용한

회계학 연구의 이해

윤성만 · 김지영

도서출판 청람

| 머리말 |

자본시장에서 회계정보는 해당 경제적 실체의 다양한 가치와 기능을 나타내주는 중요한 역할을 한다. 특히 그 경제적 실체는 회계정보를 이용하고자 하는 이해관계자에게 합리적인 의사결정을 할 수 있도록 정보를 제공해야 한다.

저자들은 이러한 의미에서 회계정보의 활용 측면에서 다양한 개념적 정의라고 할 수 있는 측정모형을 통해 회계정보가 어떻게 활용되는지를 고민하게 되었다.

회계학 관련 수많은 연구가 수행되고 있지만, 연구모형 위주로 정리되어 교재로 사용된 도서는 그리 많지 않다. 그리하여 저자들은 회계연구에 대한 정리가 필요한 현실에도 불구하고 활용할 수 있는 교재가 없다는 상황을 고려하여 미흡하지만 본서를 집필하게 되었다.

본서는 회계와 세무연구의 주요 연구분야를 중심으로 집필하였다. 특히 회계와 세무의 주요 분야에서 사용된 연구모형을 토대로 하여 각 장별로 정리하여 설명하고자 하였다.

본서에서 살펴본 세부 연구분야는 다음과 같다.

- 연구방법론
- 재무회계
- 세무회계
- 관리회계

첫째, 연구방법론에서는 개념과 정의, 연구모형 및 연구의 핵심에 대해 설명하였다.

둘째, 재무회계에서는 재무회계에서의 주요 측정모형에 대해 설명하였는데, 세부분야로서 이익조정, 기업가치와 투자효율성, 노동투자효율성, 수익비용대응, 경영자능력, 경영자의 자기과신 성향, 경영전략, 이익의 질, 보수주의, 회계정보의 비교가능성, 가치평가의 오류, 주가붕괴위험에 대한 다양한 연구들의 연구모형을 통하여 설명하였다.

셋째, 세무회계에서는 세무회계의 주요 측정모형을 가지고 유효법인세율, 한계세율, BTD(Book-Tax Difference), 조세회피 측정치의 방법론, 세무위험, 내재적 조세, 조세비용과 비조세비용 간 상충관계, Laffer Curve를 이용한 세율과 세수와의 관계, 조세형평성에 대해 실증모형으로 설명하였다.

넷째, 관리회계에서는 관리회계 및 회계감사의 주요 측정모형으로 원가의 하방경직성, 원가의 이전현상, 비정상 감사보수 및 비정상 감사시간, 감사품질과 감사인의 산업전문성에 대해 연구모형을 통해 설명하였다.

이상의 총 4개 장으로 본서를 구성하면서 회계와 세무연구를 최대한 정리하려 하였으나, 이 외에도 다양한 연구들이 많다는 사실을 거듭 강조하고자 한다. 그럼에도 불구하고 저자들이 본서를 집필할 수밖에 없었던 이유는, 회계학에 대한 연구가 활발히 이루어지고는 있으나 대학원에서 수업에 활용할 교재는 충분하지 않아 고심 끝에 출판하게 되었으며, 학교에서 많은 연구들을 통해 이해하였던 부분들을 정리하여 설명하고자 하였고, 대학원 석·박사 과정생들이 논문을 작성할 때 도움이 되었으면 하는 마음으로 집필하게 되었음을 밝힌다.

본서를 집필하면서 대학원 수업과 세미나 등을 통해 함께 토론하였던 학생들, 교수님들의 경험을 통한 다양한 의견제시 등이 많은 도움이 되었음에 감사드리며, 본서가 미미하지만 대학원의 수업에 활용되어 교수님들, 대학원생들에게 도움이 되어 학문적으로 발전할 수 있는 계기가 되기를 희망한다.

이 책을 출판하기까지 도움을 주신 도서출판 청람에 감사드리며, 다소 미흡한 부분이 있다면 향후 보완하여 완성될 수 있도록 최선을 다하겠다.

2023년 8월

저자 일동

| 차례 |

제1장 실증분석연구의 개관

제2장 재무회계의 주요 측정모형

제3장 세무회계의 주요 측정모형

1 장 실증분석연구의 개관

1. 개념적 정의와 조작적 정의
2. 연구모형 및 논문의 핵심

– 연구모형을 활용한 회계학연구의 이해 –

1장 실증분석연구의 개관

1 개념적 정의와 조작적 정의

1.1 개관

개념(concept)이란 특수한 현상이 갖는 특징들을 일반화시켜 추상적으로 표현한 것으로 개념적 정의(conceptual definition)는 어떤 변수의 개념을 설명할 때, 다른 개념을 사용하여 설명하고 여러 가지 방법을 이용하여 다른 개념들과 연결시킴으로써 이루어진다.

이에 반해, 조작적 정의(operational definition)는 연구가설을 실증적으로 검증하기 위해서는 실제 현상에 대한 관찰이 이루어져야 하며, 구체적인 실제 현상과 연결시키기 위해 개념적 정의가 이루어져야 한다. 이러한 개념적 정의는 측정이 가능한 형태로 변환해야 하는데 이를 조작적 정의라고 한다. 연구설계와 병행하여 연구자가 수행하여야 할 과제는 연구에서 사용되는 주요 개념들의 의미를 분명하게 밝히고, 관찰을 통하여 그 개념들을 측정할 수 있도록 조작적으로 정의하는 것이다. 개념의 의미를 밝히는 단계를 개념화(conceptualization) 내지 구성요소의 정의(constitutive definition)라 하고, 이를 현실세계에 적용하여 측정할 수 있는 변수로 전환하는 작업을 조작화(operationalization) 또는 조작적 정의(operational definition)라고 한다.

이러한 조작적 정의는 측정을 위한 조작적 정의(measured operational definition)와 실험적 조작적 정의(experimental operational definition)로 구분되는데, 조작

적 정의는 어떻게 변수를 측정할 것인가에 대한 방법을 제시해 주는 정의이며, 실험적 조작적 정의는 연구자가 어떻게 실험변수를 조작할 것인가를 규정해 주는 정의이다.

따라서 본 장에서는 개념과 정의, 연구모형과 논문의 핵심을 살펴보고자 한다.

1.2 개념과 정의

1.2.1 개념의 의의

개념(concept)이란 세계의 일정한 현상들을 보다 일반화함으로써 그들을 대표할 수 있는 추상적인 표현 또는 용어를 의미한다. 학자마다 개념에 대한 관점은 다양하다. Selltiz는 관찰된 사건에 대한 추상적 표현, Kerlinger는 구체적인 것으로부터 일반화시켜서 형성한 추상관념 그리고 Phillips는 현상을 설명 · 예측하기 위한 명제나 이론의 전개에서 바탕이 되는 추상적인 표현으로 보고 있다.

한편, 자연과학에 비해 추상성이 높은 용어가 많이 사용되는 사회과학에서는 정확한 개념의 전달을 위한 개념화(conceptualization)가 요구되는데, 개념화는 물체 및 물체의 특성을 조사하고, 관찰하고, 고립화하여 설명 · 예측이 가능하도록 해주는 것이다. 또한 개념화에서 가장 필요한 것은 개념의 명확성과 정밀성을 확보해 주는 것이며, 한 개념이 추상적이든 비추상적이든 과학적 연구에서는 현상을 대표하는 개념을 가져야 한다. 개념화는 이런 대표성을 갖는 개념을 창출하는 작업이다.

1.2.2 개념의 조건 및 기능

개념은 다음과 같이 네 가지의 조건을 모두 충족하여야 한다.

첫째, 개념은 일정한 한정성(determinacy)을 가져야 한다. 이는 개념의 명확성

(clarity)이라고도 한다. 즉 어느 개념이라도 그것이 사실 또는 현상을 명확하게 한정적으로 그 특징을 나타내야 한다.

둘째, 개념은 통일성(uniformity)을 지녀야 한다. 다시 말해, 하나의 사실이나 현상을 놓고 사용자마다 각기 다른 개념으로 나타낸다면 의사전달에 많은 혼동이 생기므로 통일성이 실현되어야 한다.

셋째, 개념은 그것이 나타내는 범위(scope)를 적절히 정할 수 있어야 한다. 즉 개념의 추상화 정도의 문제로서 한 개념이 나타내는 범위가 넓을수록 실제의 사실이나 현상에서 멀어져 이에 대한 측정이 곤란해진다.

넷째, 개념의 평가를 위한 기준으로 체계적 의미가 고려되어야 한다. 즉 체계적 의미란 개념이 그것이 부분으로 대표되어 있는 명제 및 이론에 있어서 구체화되어 있는 정도를 말하는 것으로 개념은 이론과 명제와의 괴리가 있어서는 안 된다.

한편, 개념은 다음과 같이 네 가지의 기능을 한다.

첫째, 개념은 의사소통과 사상의 기초가 되며, 둘째, 개념은 경험적인 사실에 대해서 그것을 바라볼 수 있는 견해를 소개해 주는 기능을 한다. 셋째, 개념은 분류와 일반화의 기능을 한다. 즉 과학자들은 그들의 경험과 관찰을 개념적인 견해에서 분류한 후 순서에 따라서 일반화를 시도하게 된다. 넷째, 개념은 이론의 형태와 내용을 규정하고 있기 때문에 어떤 이론을 형성함에 있어서 가장 절대적인 요소이다.

1.2.3 정의

개념화 과정의 기본적 요건은 개념의 명확성과 정밀성이며, 정의(definition)란 바로 개념의 정확성과 명확성을 기하기 위한 것이다. 이러한 정의는 개념적 정의와 조작적 정의가 있다.

1.3 개념적 정의

개념적 정의(conceptual definitions)는 하나의 개념을 정의하기 위해 다른 개념을 사용하여 묘사하는 것을 말하며 사전적 정의라고도 부른다. 예를 들어, 무게에 대한 개념적 정의는 물체의 중량이라고 할 수 있으며, 학업 성취도의 개념은 듣기, 읽기, 말하기 등의 합의 개념으로 개념적 정의를 내릴 수 있다. 이러한 개념적 정의의 속성으로서 ① 개념적 정의는 반드시 그것이 정의하는 것에 대해서 특성이나 자질을 지적해야만 하고, 다른 것과 구별되는 그것에 의해서 처리되는 모든 사물을 포함해야 하며 그것에 의해 지적되지 않는 것은 배제하여야 한다. ② 개념적 정의는 순환론에 빠져서는 안 된다. 예컨대, "사람은 사람이다"라고 정의를 하면 안 된다. ③ 가능한 한 의심의 여지가 없이 단정적이어야 한다. ④ 분명하고 이중의 뜻을 갖지 않는 용어를 사용하여야 한다.

한편, 개념적 정의가 경험적으로 관찰가능한 것이 아니라면 경험적 세계로의 이전은 어떻게 이루어질 것인가 하는 문제가 생긴다. 이러한 이론적 · 개념적 수준과 경험적 · 구체적 수준의 간격을 메워주는 것이 조작적 정의이다.

1.4 조작적 정의

조작적 정의(operational definition)는 추상적 구성개념이나 변수를 측정하는 데 필요한 활동이나 조작을 상세히 기술함으로써 그것에 의미를 부여하는 방법이다. 이는 가능한 한 실행이 가능하고 관찰이 가능한 조작을 명확하게 표현한 용어로 구성된 것이며 확인이 가능한 정의라고 할 수 있다. 따라서 회계학연구에서 개념에 대한 조작적 정의를 변수 측정치라고 할 수 있다.

개념조작에는 가능한 한 연구목적을 달성하는 데 충분한 정도의 조작이 필요하며, 이때 조작은 경험적으로 측정이 가능한 방향으로 이루어져야 한다. 즉 측정가능한 지표에 의해 조작해야 한다. 예를 들어, 수익비용대응(revenueexpense matching)을 측정하고자 하는 경우 수익비용대응은 추상명사이므로 측정가능한 Dichev and Tang(2008)의 연구모형에서 당기비용의 회귀계수(α_2)의 크기라는 지표로 측정하게 되는데, 이 측정치가 조작적 정의이다. 또는 경영자능력(managerial ability)이라는 추상적인 정의를 Demerjian et al.(2012) 등의 측정모형으로 도출된 측정치가 조작적 정의라고 할 수 있다.

그러나 조작적 정의는 다음과 같은 한계점들이 있다. 첫째, 인간의 주관적·심리적 현상에 대한 과학적인 객관성 내지 측정가능성은 조작적 정의에 의한다고 완전하지는 않다. 둘째, 조작적 정의가 지나치게 객관성을 중시함으로써 또는 관찰가능한 경험성을 중시함으로써 보이지 않는 것을 못 보게 하는 이론적인 유기성이 결여될 수 있다. 셋째, 조작적 정의의 결과는 용어 자체가 가지고 있는 개념의 한정을 가져옴으로써 개념 자체의 의미를 퇴색시킬 수 있다.

1.5 재개념화

재개념화(re-conceptualization)는 주된 개념을 정리·분석하여 보다 명확히 규정하는 방법을 말한다. 이러한 재개념화의 절차는 다음과 같다. 첫째, 조사계획에 사용되는 주요 개념을 추출하여 주요 개념목록을 작성한다. 둘째, 주요 개념이 가지고 있는 여러 요소를 분석·해명한다. 셋째, 개념의 용법을 파악하기 위하여 다른 문헌을 조사하거나 재검토한다. 넷째, 주개념과 유사한 개념은 없는지 또는 그 개념이 가지는 현실과의 관계는 어떠한지를 비교·검토한다. 마지막으로 개념의 상위개념과 하위개념을 결부시켜 파악해 본다.

2 연구모형 및 논문의 핵심

2.1 연구모형(research model)

Miller and Starr(1969)에 따르면 모형(model)이란 현실의 어떤 한 측면의 형태를 설명하기 위해 현실을 표현한 것(a representation of reality)으로 정의된다. 즉 모형은 현실의 축소판이라 할 수 있다. 그러나 수많은 요인들로 구성된 현실을 한정된 모형에 담기란 한계가 있을 수밖에 없다. 따라서 모형은 표현하는 실제의 현실보다 더 단순한 형태로 만들어질 수밖에 없다.

한편, 모형은 이론의 기호적 표현으로서 이론적 지지를 받지 못하는 모형은 단지 일개의 계산식, 즉 단순한 수학적 표현일 뿐이다. 이론적 모형은 특정 기초적 논거, 특정 독립변수(설명변수 또는 예측변수)에 의해 설명되어야 할 종속변수(예측된 변수 또는 기준변수) 그리고 변수 간 관계의 방향을 나타내는 기호체계 등으로 구성된다.

특히 이론의 표현이 모형이라고 하면 모형은 인과모형(causal model)으로 구성되는 것이 일반적인데, 독립변수와 종속변수 사이의 인과관계의 구조적인 체계를 개발하려는 노력이 필요하다. 이러한 구조적 체계는 인과사슬(causal chain)로 구성되어야 하기 때문에 연구자는 독립변수의 변화가 종속변수의 변화를 어떻게 그리고 얼마나 일으키는지를 설명할 수 있어야 한다. 예를 들어, Eggelton et al.(1976)은 재고자산 평가방법을 후입선출법으로 전환하는 회계변경과 외부감사인의 교체 또는 경영자의 교체와의 관계를 검증하였는데, 이 연구는 원인과 결과의 규명 없이 단순 상관관계분석으로 이루어져 있었다. 이런 경우 회계변경을 원인으로 외부감사인 또는 경영자의 교체라는 결과를 가져왔는지를 규명하지 않고 단순 관련성만을 검증하였다.

독립변수가 종속변수의 변화를 가져온다고 추론하기 위해서는 인과관계가 필수적인 조건이다. 인과사슬로서 그 관계의 방향과 정도가 선험적으로 결정되기 때문에 그 연구의 결과에 대한 해석이 더욱 의미 있게 된다. 일반적으로 인과관계가 형성되기 위해서는 다음과 같은 세 가지의 조건이 충족되어야 한다.

첫째, 분석하고자 하는 두 변수 간에는 공변동(covariance)이 존재해야 한다. 두 확률변수가 변화하는 양상을 측정하는 척도로서 Cov(X, Y)은 서로 관련성을 가지고 움직임이 통계적으로 유의한 수준으로 존재해야 한다는 것이다. 예를 들어, 법인세율 인하 직전에 수익비용대응에 있어서 비용을 조기에 인식한다고 할 경우, 법인세율 인하라는 사건과 비용의 조기인식이라는 행위의 변수 간에 서로 관련성을 가지고 움직임이 있어야 한다는 것이다.

둘째, 두 변수 사이에 시간적 선후관계가 존재해야 한다. 두 변수 중에는 먼저 움직이는 변수와 다음에 움직이는 변수로 구분되어야 한다는 것이다. 예를 들어, 법인세율 인하라는 사건이 먼저 일어나고, 이로 인해 비용의 조기인식이라는 행위가 발생해야 한다는 것이다.

셋째, 두 변수의 관계형성에 영향을 주는 다른 인과요인이 체계적으로 제거되어야 한다. 어떤 현상에 있어서 수많은 경쟁가설이 존재할 수 있는데 그 전부를 제거하기란 무리가 있다. 따라서 그 많은 경쟁가설을 제거하는 데 있어서 가장 일반적이고 체계적인 방법이 무작위추출(random sampling)이다. 이는 분석대상으로 뽑힐 확률을 같게 함으로써 표본의 대표성을 확보하는 것이며 내적 타당성(internal validity)[1]을 제고하는 방법이기도 하다.

1) 내적 타당성이란 실험 또는 연구조사를 통해 도출한 결과가, 실험 또는 연구조사에서 연구목적에 맞게 의도적으로 처리한 변인에 의해 기인된 것이라고 볼 수 있는 정도나 성질을 의미한다. 즉 실험 처리와 결과 간의 인과적 결론의 적합성 정도를 말하므로 측정된 결과가 실험변수의 변화 때문에 일어난 것이라면 내적 타당성이 높다는 것이다.

2.2 논문의 핵심[2)]

연구논문을 비판적으로 평가하기 위해서는 연구의 동기가 된 연구문제, 연구가 기초한 이론, 활용된 연구설계 등에 대한 충분한 이해가 필요하다. 따라서 후술하는 내용은 연구논문을 읽을 때 또는 연구를 진행할 때 감안하여야 할 핵심 사항들을 정리한 것이다.

2.2.1 기본 틀(framework)

(1) 연구동기 : 왜 이 연구가 진행되었는가?

일반적으로 합리적인 연구동기(research motivation)라고 하면 선행연구를 확장하는 이론을 검증하거나 선행연구에서 주장된 연구가설을 검증하는 것과 더불어, 기존 연구문제를 설명-이해-평가하기 위한 새로운 방법론을 적용하거나 새로운 아이디어, 연구모형 및 이론을 개발하는 것이다. 이러한 다양한 학문적 확장 중 하나여야만 왜 이 연구가 진행되었는가에 대한 답을 할 수 있다.

(2) 연구문제 : 연구문제는 구체적으로 무엇인가?

연구문제(research question)는 분명하게 이해될 수 있을 정도의 수준으로 구체적이어야 한다. 특히 최근 실증분석연구에서는 논문의 제목이 연구문제로 표현되는 것이 일반적이다. 예를 들어, 종업원의 급여가 기업가치에 미치는 영향, IFRS의 도입이 실제이익조정에 미치는 영향, 환위험이 주가급락위험에 미치는 영향 등이 있다.

2) Rashad Abdel-Khalik and B. Ajinkya(1979)의 '*Empirical Research in Accounting: A Methodological Viewpoint*'의 내용을 토대로 정리한 것이다.

(3) 이론적 배경 : 연구의 기초가 되는 이론은 무엇인가?

이론개발이 규범적인지(연역적인지) 아니면 서술적인(귀납적인) 형태인지를 분류해야 한다. 연구의 주제를 포괄할 수 있는 이론을 서술적으로 기술하거나 선행연구들을 나열하면서 연구주제나 방향을 뒷받침할 수 있도록 규범화시킬 수도 있다. 특히 이론적 기초는 논리적 일관성과 적합성이 있어야 한다.

(4) 연구가설 : 가설은 무엇인가?

가설(hypothesis)은 연구를 통하여 밝히고자 하는 가정적인 진술로서 옳고 그름이 판단되지 않은 잠정적인 명제이면서 일반적으로 두 가지 이상의 변수들 간의 관계를 진술하게 된다.

가설은 어떤 변수가 어떤 변수에 영향을 미친다는 것을 예상하는 것이 일반적이다. 즉 가설은 어떤 변수가 원인이고 어떤 변수가 결과인지를 제시하게 된다. 예를 들어, 세율인하가 경영자의 조세회피행위를 증가시킬 것이라는 가설에서 세율인하가 원인변수(독립변수)가 되며 경영자의 조세회피행위는 결과변수(종속변수)가 된다.

가설의 형식은 일반적으로 귀무가설(null hypothesis)과 대립가설(alternative hypothesis)로 구분하는데, 귀무가설은 '영(0)'가설이라고도 하며, "~와 차이가 없다", "~의 효과는 없다" 또는 "~는 ~하지 않는다" 등으로 연구자가 생각하는 예상 방향과 반대로서 이 귀무가설을 기각(reject)하면 차이가 있거나 효과가 있으며 ~하는 것이라는 주장이 성립되는 것을 의미한다. 회계학연구에서 귀무가설 형태로 연구가설을 설정하는 경우에는 독립변수가 종속변수를 증가시키는지 또는 감소시키는지가 아닌 관련성이 존재할 것으로 예상되는 상황에서 일반적으로 사용된다. 물론 이러한 예의 경우에는 후술하는 대립가설로서 "~와 관련성이 있다"는 식으로도 표현할 수 있다.

이에 반해 대립가설은 대안가설이라고도 하며 귀무가설이 기각(reject)된 대안적으로 채택(accept)되는 가설을 의미한다. 즉 "~와 차이가 있다", "~의 효과가 있다", "~와 다르다" 식으로 표현된다. 회계학연구에서 대립가설을 사용하는 경우는 연구자가 예상하는 독립변수와 종속변수의 관련성 부호를 직접적으로 표현하는 식으로 사용한다. 즉 독립변수는 종속변수를 증가(감소)시킨다거나 독립변수와 종속변수 간에는 양(+) 또는 음(−)의 관련성을 가질 것이라는 표현을 사용한다.

한편, 하나의 독립변수(X)와 하나의 종속변수(Y)로 표현하는 것이 아니라 종속변수가 Y_1과 Y_2의 관련(성)으로 표현하는 형태로도 설정이 가능하다. 즉 X가 Y_1과 Y_2의 관계를 강화시킨다거나 약화시킨다는 형태의 가설이 있다.[3)]

3) 이러한 형태의 가설에는 일반적으로 상호작용변수로 구성된 연구모형으로 이 가설을 검증하게 된다. $Y_1 = \beta_0 + \beta_1 X + \beta_2 Y_2 + \beta_3 X \times Y_2 + \varepsilon$

2장 재무회계의 주요 측정모형

1. 이익조정: 재량적 발생액, 실제이익조정
2. 기업가치와 투자효율성
3. 노동투자효율성
4. 수익비용대응
5. 경영자능력
6. 경영자의 자기과신성향
7. 경영전략
8. 이익의 질
9. 보수주의
10. 회계정보의 비교가능성
11. 가치평가의 오류
12. 주가붕괴위험

– 연구모형을 활용한 회계학연구의 이해 –

2장 | 재무회계의 주요 측정모형

1 이익조정 : 재량적 발생액, 실제이익조정

1.1 재량적 발생액

1.1.1 개념과 모형

이익조정(earnings management)이란 경영자가 의도된 보고이익 수준에 이르도록 경영성과 또는 재무상태를 조정하는 행위라고 할 수 있는데, 사적인 이익을 위해 재무보고에 경영자의 재량을 개입시키는 행위이며(Schipper, 1989), 이익조작(earnings manipulation)이라고도 할 수 있다. 따라서 이익조정과 관련한 연구들은 대체로 경영자의 기회주의적 행위(opportunistic behavior)로서 의도적으로 이익을 조정하는 개념으로 사용되어 왔다. 특히 이러한 이익조정의 유인들로는 이익평준화 또는 이익유연화(income smoothing), 보너스가설(bonus plan/compensation hypothesis), 부채계약가설(debt covenant hypothesis), 정치비용가설(political cost hypothesis), 명성가설(reputation hypothesis) 및 법인세최소화(tax minimization or saving) 등이 있다.

이익조정 또는 이익의 질(earnings quality)에 대한 측정은 재량적 발생액(discretionary accruals)을 이용하는 것이 일반적이다. 가장 기본적인 측정치로서 Jones(1991)의 재량적 발생액 추정모형은 식 (2-1)과 같이 계수 추정치인 β_1, β_2, β_3은 분석대상 기업에 해당되는 산업표본을 사용하여 산업-연도별로 추정된다. 이 모형은 총발생액(TA, total accruals)에서 총자산의 효과(1/A), 매출액 변동분($\Delta SALES$) 및 유형자산(PPE) 관련 비재량적 요인들을 제거하여 재량적 발생액(DA)을 추출하는 절차로 이루어진다.

$$DA_{it} = TA_{it}/A_{it-1} - \left[\widehat{\beta_1}\left(\frac{1}{A_{it-1}}\right) + \widehat{\beta_2}\left(\frac{\Delta SALES_{it}}{A_{it-1}}\right) + \widehat{\beta_3}\left(\frac{PPE_{it}}{A_{it-1}}\right)\right] \quad (2-1)$$

여기서,

DA : t년도 i기업의 Jones 모형에 의한 재량적 발생액

TA : t년도 i기업의 총발생액(당기순이익－영업현금흐름)

$\Delta SALES$: t년도 i기업의 매출액의 변동

PPE : t년도의 i기업의 유형자산(토지와 건설중인자산은 제외)

A : t－1년도 i기업의 총자산

또한 수정 존스모형이라고 하는 측정모형은 Dechow et al.(1995)의 측정모형을 말하는 것으로 존스모형에서 비재량적 발생액의 요인을 매출액의 변화분과 유형자산으로 단순하게 측정하였지만, 수정 존스모형은 식 (2－2)와 같이 매출액의 변화분 중에 매출채권(ΔREC)을 제외시킴으로써 매출채권에 대한 회계처리 부분에 경영자의 재량권이 행사되는 요인을 재량적 발생액에 포함시킨 것이라 할 수 있다.

$$MDA_{it} = \frac{TA_{it}}{A_{it-1}} - \left[\widehat{\beta_1}\left(\frac{1}{A_{it-1}}\right) + \widehat{\beta_2}\left(\frac{\Delta SALES_{it}}{A_{it-1}} - \frac{\Delta REC_{it}}{A_{it-1}}\right) + \widehat{\beta_3}\left(\frac{PPE_{it}}{A_{it-1}}\right)\right] \quad (2-2)$$

여기서,

MDA : t년도 i기업의 수정 존스모형에 의한 재량적 발생액

DA : t년도 i기업의 존스모형에 의한 재량적 발생액

TA : t년도 i기업의 총발생액(당기순이익－영업현금흐름)

$\Delta SALES$: t년도 i기업의 매출액의 변동

ΔREC : t년도 i기업의 매출채권의 변동

PPE : t년도의 i기업의 유형자산(토지와 건설중인자산은 제외)
A : t-1년도 i기업의 총자산

이후 여러 문헌에서 차용하고 있는 측정치로 Kothari et al.(2005)의 성과대응(performance matching) 재량적 발생액을 들 수 있다. 수정 존스모형에서 전기 ROA(=전기 당기순이익/전기 총자산)변수를 추가하여 전기의 성과를 통제함으로써 기존 측정모형을 확장하였다. 총발생액 중 전기의 경영성과가 자기상관효과를 제거하기 위하여 ROA를 통제한 후의 재량적 발생액을 추정하는 것으로 확장된 개념이라 할 수 있다.

$$PDA_{it} = \frac{TA_{it}}{A_{it-1}} - \left[\widehat{\beta_1}\left(\frac{1}{A_{it-1}}\right) + \widehat{\beta_2}\left(\frac{\Delta SALES_{it}}{A_{it-1}} - \frac{\Delta REC_{it}}{A_{it-1}}\right) + \widehat{\beta_3}\left(\frac{PPE_{it}}{A_{it-1}}\right) + \widehat{\beta_4}\left(\frac{NI_{it-1}}{A_{it-1}}\right)\right] \quad (2-3)$$

여기서,
PDA : t년도 i기업의 Kothari et al.(2005)에 의한 성과대응 재량적 발생액
DA : t년도 i기업의 존스모형에 의한 재량적 발생액
TA : t년도 i기업의 총발생액(당기순이익-영업현금흐름)
$\Delta SALES$: t년도 i기업의 매출액의 변동
ΔREC : t년도 i기업의 매출채권의 변동
PPE : t년도의 i기업의 유형자산(토지와 건설중인자산은 제외)
NI : t-1년도의 i기업의 당기순이익
A : t-1년도 i기업의 총자산

또 다른 성과대응 재량적 발생액으로서 Kothari et al.(2005)의 기본모형을 일정 분위수 기준 그룹핑별로 추정하는 방법론이 있다. 즉 산업-연도별로 모든 표본기업을 총자산이익률(ROA, return on assets)를 기준으로 5분위수로 그룹을 설정한다. 각 분위수의 재량적 발생액의 평균값을 각 분위수에 분포된 기업의 재량적 발생액에서 차감하며 이렇게 산출된 값을 성과대응 재량적 발생액으로 측정한다. 이는 동종 산업-연도에서 유사한 수준의 회계성과를 보고하는 기업

들의 평균인 재량적 발생액 수준을 차감하고 난 후의 수정된 재량적 발생액을 의미한다(박성훈·최승욱, 2019).

$$MPDA_{it} = \frac{TA_{it}}{A_{it-1}} - \left[\widehat{\beta_1}\left(\frac{1}{A_{it-1}}\right) + \widehat{\beta_2}\left(\frac{\Delta SALES_{it}}{A_{it-1}} - \frac{\Delta REC_{it}}{A_{it-1}}\right) + \widehat{\beta_3}\left(\frac{PPE_{it}}{A_{it-1}}\right) + \widehat{\beta_4}(ROA_{it-1})^{1)}\right] \quad (2-4)$$

여기서,

$MPDA$: t년도 i기업의 수정 Kothari et al.(2005)에 의한 재량적 발생액
TA : t년도 i기업의 총발생액(당기순이익-영업현금흐름)
$\Delta SALES$: t년도 i기업의 매출액의 변동
ΔREC : t년도 i기업의 매출채권의 변동
PPE : t년도의 i기업의 유형자산(토지와 건설중인자산은 제외)
ROA : t-1년도의 i기업의 총자산이익률
A : t-1년도 i기업의 총자산

1.1.2 최근 관련 연구

박성훈과 최승욱(2019)은 Kothari et al.(2005)의 방법론으로 재량적 발생액을 활용하여 회생기업의 이익조정현상을 분석하였다. 회생기업의 부채비율이 증가할수록 증분적으로 회생절차 진행연도의 높은 재량발생액이 감소된다는 연구결과를 제시하여, 부채비율이 높을수록 채권단의 간섭권이 적극적으로 경영에 개입할 여지가 있어 보고이익을 조정할 여지가 낮아졌을 가능성이 존재한다는 주장을 하였다. 또한 회생절차를 개시연도에서 종결연도까지 5단계로 구분하여 분석한 결과, 회생절차 진행 중에 유의한 양(+)의 재량적 발생액이 나타나 회생절차 진행기간 중의 상향이익조정 경향은 관리인이 회생절차 조기 종결을 위해 이익을 과대계상하려는 유인이 존재한다는 연구결과를 제시하였다.

1) $\widehat{\beta_4}(ROA_{it-1})$은 전기 당기순이익을 전기 총자산으로 나눈 값을 의미한다.

1.2 실제이익조정

1.2.1 개념과 모형

실제이익조정(REM, real earnings management)이란 경영자가 기업의 이익을 극대화하는 방법으로 영업활동과 관련된 실제활동을 통한 재무보고 이익을 조정하는 것이라 할 수 있다. 예를 들면, 재량적 발생액을 이용한 이익조정은 단순한 회계수치의 변경을 통해 인식 시기를 조절하여 연말의 보고이익을 일시적으로 조정하는 방법이지만, 실제이익조정은 연구개발비를 삭감하여 당기의 보고이익을 증가시키거나, 매출이나 생산과 관련된 정책을 변경시킴으로써 보고이익을 조정하는 방법이다. 또한 현금할인 및 신용거래조건 등 판매정책을 변경시킴으로써 매출을 증가시키거나 과도한 생산량을 증가시켜 단위당 생산원가를 낮추는 등의 실제 생산활동을 조정할 수 있다. 그리고 마케팅, 연구개발 및 일반관리비와 판매비 등 재량적 지출액을 감소시켜 당기순이익을 증가시키는 행위 등이 실제이익조정활동이라 할 수 있다.

실제이익조정 측정치는 Roychowdhury(2006)의 방법론에 따라 측정되는데, 비정상 영업현금흐름, 비정상 재량적 지출액 및 비정상 생산원가로 구성된다.

먼저 비정상 영업현금흐름은 영업활동으로 인한 현금흐름을 당기매출액과 매출액 변화분과의 선형관계를 가정하여 식 (2−5)와 같이 측정모형으로 잔차(ε)를 추정하게 된다.

$$\frac{CFO_{it}}{Asset_{it-1}} = \alpha_0 + \alpha_1\left(\frac{1}{Asset_{it-1}}\right) + \alpha_2\left(\frac{Sales_{it}}{Asset_{it-1}}\right) + \alpha_3\left(\frac{\Delta Sales_{it}}{Asset_{it-1}}\right) + \varepsilon_{it} \tag{2-5}$$

여기서,

CFO : i기업 t기 영업현금흐름

$Asset$: i기업 t−1기 총자산

$Sales$: i기업 t기 총매출액

$\Delta Sales$: i기업 t기 매출액 변화분(당기 Sales−전기 Sales)

일반적으로 재량적 지출액(discretionary expenditures)은 크게 세 가지 금액으로 측정된다. 김선화와 정용기(2013)가 측정한 재량적 지출액은 다음과 같다.

첫째, 복리후생비, 판매비, 연구비, 경상연구개발비 및 경상개발비 계정들을 합하고 일반관리비에서 세금과공과, 감가상각비, 임차용비용 및 보험료 계정들을 차감하여 측정한다. 둘째, 판매비와관리비 전체 금액으로 측정한다. 셋째, 판매비와일반관리비 금액에서 세금과공과, 감가상각비, 임차료비용 및 보험료 계정들을 차감한 값으로 측정한다.

이러한 재량적 지출액을 활용하여 비정상 재량적 지출액을 측정하는 모형은 식 (2-6)으로 잔차(ε)가 된다.

$$\frac{DISE_{it}}{Asset_{it-1}} = \alpha_0 + \alpha_1\left(\frac{1}{Asset_{it-1}}\right) + \alpha_2\left(\frac{Sales_{it-1}}{Asset_{it-1}}\right) + \varepsilon_{it} \tag{2-6}$$

여기서,

DISE : i기업 t기 재량적 지출액

① 판매비와일반관리비 계정 중 복리후생비, 판매비, 연구비, 경상연구개발비 및 경상개발비 계정들을 합하고, 일반관리비 계정 중 세금과공과, 감가상각비, 임차용비용 및 보험료 계정들을 차감하여 측정

② 판매비와관리비 계정금액

③ 판매비와일반관리비 계정금액에서 세금과공과, 감가상각비, 임차료비용 및 보험료 계정들을 차감하여 측정

Asset : i기업 t-1기 총자산

Sales : i기업 t-1기 매출액

생산원가(*PROD*)는 매출원가(*COGS*)와 재고자산의 변화분(Δ *INV*)을 합한 금액인데 매출원가는 당기매출액과 선형관계이며, 재고자산의 변화분은 당기매출액의 변화분과 전기 매출액의 변화분으로 나타낼 수 있다. 결국 비정상 생산원가는 잔차(ε)가 된다.

따라서 비정상 생산원가는 비정상 매출원가와 비정상 재고자산 변화로 구성되며, 최종 PROD와 같은 모형을 통해 추정하게 된다.

$$\frac{COGS_{it}}{Asset_{it-1}} = \alpha_0 + \alpha_2\left(\frac{Sales_{it}}{Asset_{it-1}}\right) + \varepsilon_{it}$$

$$\frac{\Delta INV_{it}}{Asset_{it-1}} = \alpha_0 + \alpha_1\left(\frac{1}{Asset_{it-1}}\right) + \alpha_2\left(\frac{\Delta Sales_{it}}{Asset_{it-1}}\right) + \alpha_3\left(\frac{\Delta Sales_{it-1}}{Asset_{it-1}}\right) + \varepsilon_{it}$$

$$\frac{PROD_{it}}{Asset_{it-1}} = \alpha_0 + \alpha_1\left(\frac{1}{Asset_{it-1}}\right) + \alpha_2\left(\frac{Sales_{it}}{Asset_{it-1}}\right) + \alpha_3\left(\frac{\Delta Sales_{it}}{Asset_{it-1}}\right) + \alpha_4\left(\frac{\Delta Sales_{it-1}}{Asset_{it-1}}\right) + \varepsilon_{it} \tag{2-7}$$

여기서,
$Asset$: i기업 t−1기 총자산
$COGS$: i기업 t기 매출원가
ΔINV : i기업 t기 재고자산 변화분(당기 INV − 전기 INV)
$PROD$: i기업 t기 생산원가(= COGS + ΔINV)
$Sales$: i기업 t기 총매출액

이 모형에서는 기업의 최종적인 REM을 측정하기 위하여 Cohen(2008)의 연구 모형으로서 실제이익조정 측정치를 하나의 측정치(REM)로 변환하여 식 (2−8)과 같은 계산방법을 사용한다. 즉 신용조건 등의 완화를 통해 영업현금유입이 감소함에 따라 비정상 영업현금흐름이 감소하여 이익을 상향조정하게 되고, 재량적 지출액을 줄이면 비정상 재량적 지출액이 감소하여 이익을 상향조정하며, 생산량을 늘려 단위당 생산원가를 감소시키게 되면 비정상 생산원가는 증가하여 이익을 늘리게 된다. 따라서 비정상 영업현금흐름과 비정상 재량적 지출액에 음(−)을 곱하여 부호를 바꾸게 된다.

$$REM_{it} = AbProd_{it} - AbCFO_{it} - AbDISE_{it} \tag{2-8}$$

여기서,
$AbProd$: 비정상 생산원가

AbCFO : 비정상 영업현금흐름
AbDISE : 비정상 재량적 지출액

또 다른 실제이익조정의 측정치는 Leggett et al.(2009)에서 사용된 방법론인데, 손실보고 회피를 위한 실제이익조정 기업 여부를 판단하기 위한 방법론이다. 실제이익조정과 관련된 선행연구들이 일관된 연구결과를 제시하지 못하는 이유로 Leggett et al.(2009)은 산업별 수준(industry level)에서 비정상 재량적 지출액을 측정했기 때문에 기존 모형의 측정치에 오류가 있을 가능성을 지적한 바 있다. 따라서 Leggett et al.(2009)의 방법론에 따라 분석한 정광화와 배성호(2016)의 연구와 같이 개별 기업수준(firm level)의 고유한 측정치를 사용하여 실제이익조정을 식 (2-9)와 같이 측정할 수 있다.

$$\frac{DISE_{it}}{Asset_{it-1}} = \alpha_0 + \alpha_1\left(\frac{1}{Asset_{it-1}}\right) + \alpha_2\left(\frac{Sales_{it-1}}{Asset_{it-1}}\right) + \varepsilon_{it} \qquad (2-9)$$

먼저, 비정상 재량적 지출을 산업별로 회귀분석한 후 잔차로 추정하게 되는데, 양(+)의 잔차는 재량적 지출을 늘린 것을 의미하고, 음(−)의 잔차는 재량적 지출액을 줄인 것을 의미한다.

또한 기업의 실제이익조정 여부를 파악하기 위해 수정된 총자산수익률(adj_ROA)을 산출한다. 식 (2-10)과 같이 수정된 총자산수익률(adjusted ROA)은 ROA에 비정상 재량적 지출을 합하여 산출하며, 이때 ROA는 당기순이익을 기초자산으로 표준화한 값이다. 재량적지출을 줄임으로써 손실보고를 회피한 기업을 실제이익조정 기업(REMLA)으로 결정하였다. 당기순이익을 보고하였지만 ROA 규모는 작은 수준의(총자산의 0.5% 이내) 기업들 중에서 비정상 재량적 지출을 고려하면 당기순손실로 전환되는 기업들을 실제이익조정 기업(REMLA)으로 판단하게 된다.

$$adj\_ROA_t = ROA_t + ABNDE_t \quad (2-10)$$

REMLA = 만약 adj_ROA가 0보다 작고, $0 \leq ROA \leq 0.005$이면 1, 그렇지 않으면 0

여기서,

ROA : 비정상 생산원가

$AbCFO$: 비정상 영업현금흐름

$AbDISE$: 비정상 재량적 지출액

1.2.2 최근 관련 연구

박원과 김예경(2018)은 기업의 경영전략에 따라 이익조정 행태를 분석하였고, 방어형 기업의 경우 실물활동 중에서 판매비와관리비, 생산원가 등을 통하여 이익을 상향조정한다는 결과를 제시하고 있다. 실물활동치, 즉 영업현금흐름, 판매비와관리비, 생산원가가 경영전략에 따라 차이가 있는지를 분석한 결과, 선도형 기업의 경우 판매비와관리비 비중이 방어형 기업보다 높은 것으로 나타났으며, 방어형 전략은 선도형 전략을 수행하는 기업보다 생산원가 수준이 높은 것으로 나타나 원가절감의 형태가 나타난다는 연구결과를 보고하고 있다.

정광화와 배성호(2016)는 실제이익조정과 현금흐름의 지속성의 관계를 분석하였는데, 실제이익조정 기업의 이익 지속성은 상대적으로 낮다는 결과를 제시하였다. 당기손실 보고를 회피하기 위해 근시안적으로 필요한 지출을 삭감하여 이익을 늘리는 것은 일시적인 처방에 불과하여 경영자의 이러한 행태는 기업의 이익 지속성에 부정적인 영향을 미치는 것으로 해석하고 있다. 또한 실물활동을 통한 이익조정은 발생액이 아닌 현금흐름을 왜곡하는 것이므로 이익 지속성보다는 오히려 현금흐름 지속성에 더 직접적인 영향을 미칠 수 있는데, 이를 분석한 결과 근시안적인 차원에서 현금흐름을 왜곡하는 것은 기업의 현금흐름 지속성에 부정적인 영향을 미친다는 연구결과를 제시하고 있다. 결국 경영자가 실물활동을 통해 목표이익을 달성하려는 경우 실제 자원흐름의 왜곡을 초래하여 기업의 현금흐름 지속성은 물론 이익 지속성까지 저해할 수 있다는 주장을 하고 있다.

신혜정과 한종수(2018)는 내부회계관리자의 등기이사 여부와 재량적 발생액 및 실질활동을 이용한 이익조정의 관계를 분석하였는데, 내부회계관리자가 등기이사인 경우 재량적 발생액과 실질활동 이익조정 수준이 모두 낮게 나타났다. 이는 내부회계관리제도의 중요한 취약점 공시를 통제한 이후에도 일관되게 나타났다.

1.3 참고문헌

박성훈, 최승욱. 2019. 회생기업의 회생절차 전후 이익조정. 경영학연구, 48(6): 1485- 1513.

박원, 김예경. 2018. 경영전략이 이익조정에 미치는 영향: 경영전략과 이익조정 측정요소의 관계를 중심으로. 회계와 정책연구, 23(1): 159-183.

신혜정, 한종수. 2018. 내부회계관리자의 등기이사 여부와 이익조정. 관리회계연구, 18(1): 27-51.

정광화, 배성호. 2016. 실제이익조정과 이익 및 현금흐름 지속성. 회계와 정책연구, 21(6): 135-152.

Dechow, P., R. Sloan and A. Sweeney. 1995. Detecting Earnings Management. *The Accounting Review*, 70(2): 193-225.

Jones, J. 1991. Earnings Management during Import Relief Investigation. *Journal of Accounting Research*, 29(2): 193-228.

Kothari, S. P., A. J. Leone, and C. E. Wasley. 2005. Performance Matched Discretionary Accrual Measures. *Journal of Accounting and Economics*, 39(1): 169-197.

Leggett, D. M., L. M. Parsons, and A. L. Reitenga. 2009. Real earnings management and subsequent operating performance. *Working Paper*. University of Alabama.

Roychowdhury, S. 2006. Earnings management through real activities manipulation. *Journal of Accounting and Economics*, 42: 335–370.

2 기업가치와 투자효율성

2.1 기업가치

2.1.1 개념과 모형

기업가치(firm value)를 측정하는 대표적인 방법으로 Tobin's Q를 들 수 있다. 이 측정치는 시장가치 대비 자산의 대체원가(replacement cost) 수준으로서 식 (2-11)과 같이 기업자산의 시장가치를 자산의 대체원가로 나눈 비율이다. 여기서 자산의 대체원가를 추정하기가 어렵기 때문에 자산의 장부가액을 대용치로 사용하는 것이 일반적이다. 따라서 자산의 시장가치가 대체원가에 비해 크면 Tobin's Q가 높으며 이는 곧 기업가치가 상대적으로 높다는 것을 의미한다.

많은 문헌들이 장기적인 관점으로 Tobin's Q를 기업가치의 대용치로 활용하고 있는데, 또 다른 기업가치 측정치는 주가와 주당순이익, 주당현금흐름이 있다. 그러나 주가관련 측정치는 변동성이 크며 실증연구모형의 분석결과에서 대체로 설명력이 매우 낮다는 게 특징이다. 이에 반해, Tobin's Q는 주주의 몫을 반영하고, 감가상각 등의 회계적 조작의 가능성이 없으며 투자자들의 평가를 통해 기업 간 비교가 용이하며 미래의 수익을 반영할 수 있다는 장점을 가지고 있다. 따라서 최근 연구 대부분이 Tobin's Q를 사용하여 기업가치를 측정하고 있다.

$$\text{Tobin's Q} = \frac{\text{보통주 시장가치} + \text{우선주 시장가치} + \text{부채 장부가액}}{\text{총자산 장부가액}} \qquad (2-11)$$

2.1.2 최근 관련 연구

나형종 등(2018)은 기업문화와 기업가치 및 기업성과 간의 관계를 분석한 결과, 혁신 및 창조적인 기업문화와 기업가치는 유의한 양(+)의 관계가 있는 것으로 나타냈고, 보수 및 경직적인 기업문화와 집단 및 친화적인 기업문화는 기업가치와 유의한 음(-)의 관련성이 존재한다는 주장을 하고 있다. 또한 경쟁 및 전문적인 기업문화도 기업성과와 유의한 양(+)의 관계를 보였으며, 지배구조변수를 고려하였을 때 혁신 및 창조적인 기업문화에서 최대주주지분율이 높은 기업은 기업문화와 기업가치 간의 양(+)의 관계가 약화되는 것으로 나타냈고, 외국인투자자지분율이 높은 기업은 기업문화와 기업가치 간의 양(+)의 관계가 강화된다는 연구결과를 제시하고 있다.

한지연 등(2019)은 기업수명주기에 따라 경영자의 이익조정행위가 기업가치에 미치는 차별적 영향을 분석한 결과, 성장기의 이익조정이 성숙기의 이익조정에 비해 기업가치에 미치는 긍정적인 효과가 더 크게 나타났으며, 특히 성장기에는 양(+)의 재량적 발생액과 음(-)의 재량적 발생액이 유의하게 기업가치와 양(+)의 관련성을 나타냈다. 그러나 성숙기에는 음(-)의 재량적 발생액만 기업가치와 유의한 양(+)의 관련성을 보였다. 이러한 결과는 성장기 이익조정은 방향과 상관없이 미래 성장에 대한 기대로 인해 자본시장에서 긍정적인 평가를 받는 것으로 해석된다. 반면, 성숙기에서는 이익을 증대시키는 이익조정보다는 회계이익을 보수적으로 공시하게 하는 이익조정이 자본시장에서 더 긍정적인 평가를 받는 것으로 해석하고 있다.

이하진과 권기정(2019)은 Tobin's Q 모형을 이용하여 분석한 결과, 광고선전비는 경영성과에 유의한 양(+)의 영향관계를 나타내고 있으며, 접대비와 기부금도 기업의 경영성과에는 긍정적인 양(+)의 관계를 가지고 있다는 연구결과를 나타내고 있다. 접대비, 광고선전비, 기부금은 경영성과와 기업가치를 높이는 요소이며 기업이미지 관련 지출비용으로 기업의 경영성뿐만 아니라 기업가치에 모두 긍정적인 영향을 미치는 요소로 해석하고 있다.

2.2 투자효율성

2.2.1 개념과 모형

효율적인 투자(efficient investment)는 기업에게 주어진 투자기회에 대해 기업가치를 극대화시킬 것으로 기대되는 투자수준이라고 할 수 있다. 그러나 그 기대수준에서 벗어나 NPV가 양(+)인 투자임에도 투자하지 않거나(과소투자, under-investing), NPV가 음(-)인 투자임에도 투자가 이루어지는 경우(과잉투자, over-investing)는 비효율적인 투자라고 할 수 있다.

그럼에도 불구하고 현실적으로 실제 기업이 당면한 투자기회 및 기업의 의사결정이 효율적인 투자인지 아니면 비효율적인 투자인지를 구분하는 것은 어렵다. 따라서 일정한 가정과 제약들을 감안하여, 실제투자수준과 기대투자수준인 정상투자수준과의 차이로 투자효율성을 측정하는 것이 일반적이다.

투자효율성의 측정치는 대표적으로 McNichols and Stubben(2008)의 과잉투자 또는 과소투자수준을 측정하는 모형을 들 수 있다.[2)] 재무관리분야 문헌에 따르

2) McNichols and Stubben(2008)의 모형과는 다르게 Biddle et al.(2009)은 다음과 같이, 종속변수인 기업의 자본투자액(Invest)은 실제투자수준을 나타내며, 기대투자수준의 대용치인 투자기회를 매출액성장률($SalesGR_{it-1}$)로 정의하였다. 이 모형을 연도별-산업별로 회귀분석하여 구한 잔차 ε는 기대투자수준(정상투자수준)이 설명하지 못하는 실제투자수준을 의미하며 잔차의 절댓값이 투자의 비효율성을 나타낸다.

$$Invest_{it} = \beta_0 + \beta_1 Sales\,GR_{it-1} + \varepsilon_{it}$$

$Invest_{it}$: 기업 i의 t기 자본투자로서 t기 투자활동으로 인한 현금유출액÷(t-1)기 유형자산
$SalesGR_{it-1}$: 기업 i의 t-1기 매출액성장률로서 [(t-1)기 매출액-(t-2)기 매출액]÷(t-2)기 매출액

또한 Biddle et al.(2009)의 기본모형에 투자기회의 대용치를 매출액성장률과 기업의 성장가능성 및 투자기회를 함축하고 있는 Tobin's Q를 추가로 고려한 측정모형이 있다(장지영 · 김지령, 2015). 이 모형도 연도별-산업별로 회귀분석하여 구한 잔차 ε_{it}의 절댓값이 투자비효율성을 나타낸다.

$$Invest_{it} = \beta_0 + \beta_1 TobinQ_{it-1} + \beta_2 Sales\,GR_{it-1} + \varepsilon_{it}$$

$Invest_{it}$: 기업 i의 t기 자본투자로서 t기 투자활동으로 인한 현금유출액÷(t-1)기 유형자산
$TobinQ_{it-1}$: 기업 i의 t-1기 Tobin's Q로서 (t-1)기 보통주 시가÷(t-2)기 총자본
$SalesGR_{it-1}$: 기업 i의 t-1기 매출액성장률로서 [(t-1)기 매출액-(t-2)기 매출액]÷(t-2)기 매출액

면, Modigliani and Miller(1958)가 기업의 투자수준이 투자기회에 따라 달라지고, Tobin(1958)은 이러한 기업의 투자기회는 Tobin's Q로 측정될 수 있다고 제시하고 있다. McNichols and Stubben(2008)은 이러한 문헌들의 연구결과에 따라 기업의 당기투자수준(INVEST)이 Tobin's Q에 의해 설명되지 않는 부분이 있을 경우, 이를 과대 혹은 과소투자수준으로 측정할 수 있다는 분석결과를 제시하였다.

여기서, CFO는 투자에 있어서 기업의 자금조달능력(internal financing capability)의 차이가 있어 이를 통제하기 위한 변수이며, Growth와 전기투자수준(INVEST)은 Tobin's Q에 포함되는 측정오차(measurement error)를 최소화하기 위한 변수이다.

또한 산업-연도별 Tobin's Q의 10분위수에 대한 더미변수(Dec)와 Tobin's Q의 상호작용변수(interaction variable)는 INVEST와 Tobin's Q 간 선형관계의 가정을 완화시키기 위한 변수이다(McNichols and Stubben, 2008). 한편, Dec를 10분위수가 아닌 4분위수로 측정하는 연구가 최근에 나타나고 있다. 이는 10분위수로 할 경우 오히려 측정오차의 문제가 발생하기 때문에 4분위수로 축약하게 되면 이러한 문제를 완화시킬 수 있기 때문이다.

결국 기업의 최적투자수준을 벗어난 과대 혹은 과소투자수준은 식 (2-12)의 모형에서 산출되는 잔차(ε)의 크기에 의해 계산될 수 있다. 즉 잔차값이 양(+)일 경우 과대투자수준을, 음(−)일 경우 과소투자수준을 의미하게 된다. 이러한 과대 혹은 과소투자의 절대적 크기가 비효율적인 투자수준을 나타낼 경우에는 잔차(ε)의 절댓값으로 측정하는 것도 타당할 수 있다. 한편, 잔차(ε)의 절댓값이 클수록(작을수록) 투자의 비효율성이 커지는(작아지는) 것이기 때문에 [1−잔차(ε)의 절댓값]으로 하면 투자의 효율성수준 변수로 전환이 가능하다.

$$INVEST_{it} = \alpha_0 + \alpha_1 Tobins\,Q_{it-1} + \sum_{j=2}^{j=10} \alpha_j Tobins\,Q \times Dec_{it-1}$$
$$+ \alpha_{11} CFO_{it-1} + \alpha_{12} Growth_{it-1}$$
$$+ \alpha_{13} INVEST_{it-1} + \varepsilon_{it} \quad (2-12)$$

여기서,
INVEST: 투자활동으로 인한 현금유출액 중 설비자산의 증가액/기초유형자산
TobinsQ: Tobin's Q(보통주 시가총액과 부채의 장부가액의 합)/총자산 장부가액
Dec: 산업-연도별 Tobin's Q가 2~10의 범위에 속하면 1, 아니면 0인 더미변수
CFO: 영업현금흐름÷기초유형자산
Growth: (기말총자산－기초총자산)÷기초총자산

특히 투자와 관련된 사항은 R&D, 자본투자(capital investment) 및 주식투자(stock investment) 등 다양한 측면에서 투자의사결정이 수행될 수 있다. 그럼에도 불구하고 투자효율성을 측정하기 위한 자본투자금액은 투자활동으로 인한 현금유출액 중 설비자산의 증가에 따른 출금액을 합산한 값이다. 이 자본투자는 비교가능성 측면에서 Hubbard(1998)와 Lara et al.(2016)은 대부분의 선행연구들의 투자효율성의 측정치는 자본투자를 사용하기 때문에 선행연구의 결과와 비교가능성 측면에서 자본투자를 투자효율성의 측정치에 이용하는 것이 타당하다는 주장을 하고 있다. 또한 Mcnichols and Stubben(2008)은 투자효율성을 평가함에 있어 자본투자만을 포함시키는 이유로 투자에 대한 경향을 분석함에 있어 왜곡된 결과를 초래할 수 있을 가능성을 지적하였다. 예를 들어, R&D비용은 직접적으로 당기손익에 영향을 미치기 때문에 이익조정의 수단으로 사용될 여지가 크기 때문에 이를 투자수준에 포함시킬 경우 직접적인 투자의 추세를 파악하는 것에 제약이 따른다고 주장하였다. 최종서와 곽영민(2010), 최승욱과 배길수(2014)는 비유동자산의 변동 전체를 투자로 간주할 경우, 매도가능증권이나 만기투자증권 등이 포함되기 때문에 증시상황이나 금리 등 실제적인 자본투자와 관계없는 변동이 포함될 가능성이 있음을 지적한 바 있다.

위의 Mcnichols and Stubben(2008)의 방법론이 아닌 과잉투자가능성을 측정하는 방법론이 있다. Biddle et al.(2009) 및 박진하와 권대현(2012)이 활용한 측정치를 들 수 있다. 이 방법론은 현금보유량 및 부채비율을 이용하여 과잉투자가능성을 측정하는 것으로, 경영진이 투자재원을 조달할 때 영업활동을 통해 창출된 현금흐름만으로 부족하다면 내부유보현금을 이용할 것이고, 이것이 부족하면 부채를 이용한다는 전제를 하고 있다.

결국 현금보유량이 높고 부채비율이 낮다면 투자재원조달이 용이할 것이다. 반대로 현금보유량이 낮고 부채비율이 높으면 추가적인 자금조달비용이 증가하고 파산위험이 높아져 투자재원조달이 어려워질 것이다.

한편, 내부유보현금과 부채비율은 경영자에 대한 감시에도 영향을 미친다. 기업이 투자에 내부보유현금을 사용하면 상대적으로 외부 투자자들의 감시를 덜 받으므로 보유현금이 충분하다면 과잉투자가능성이 높아지게 된다. 반면에 부채비율이 증가하면 채권자들은 경영자에 대한 감시활동을 강화하므로 과잉투자가 제한되어, 결국은 내부유보현금이 많고 부채비율이 낮은 기업은 투자여력이 높은 반면 감시기능은 약하여 과잉투자가능성이 증가한다.

과잉투자가능성의 계산방법은 현금및현금등가물을 총자산으로 나눈 값이 전체 표본에서 차지하는 5분위수와 부채비율(총차입금을 총자산으로 나눈 값)에 −1을 곱한 값이 전체 표본에서 차지하는 5분위수를 합하고, 이 값을 0과 1 사이의 값이 되도록 재조정하여 측정된다. 따라서 기업의 투자여력 및 과잉투자가능성이 증가함에 따라 과잉투자 정도는 증가하며, 과잉투자 정도가 1(0)의 값을 갖는 기업은 과잉투자가능성이 가장 높은(낮은) 기업이 된다.

Biddle et al.(2009)은 10분위수를 이용하여 과잉투자가능성을 측정하였지만, 측정오차의 문제를 완화하기 위하여 5분위를 이용하는 것이 일반적이다. 즉 측정오차문제가 제기되는 이유는 주요 분석대상인 대규모 기업집단 소속기업이 표본수치가 작고, 현금보유량과 과잉투자가능성의 관계가 비재벌기업에 비해 약하기 때문이다. 재벌기업은 내부자본시장을 이용한 투자재원조달이 가능하므로 그만큼 내부유보현금과 부채비율에 의존하여 과잉투자가능성을 측정하는 것에 오차가 클 수 있다.

2.2.2 최근 관련 연구

전경민 등(2018)은 외국인 임원과 투자효율성의 관계를 분석하였다. 이사회 내 외국인 임원과 기업의 투자효율성 간에 양(+)의 관계가 존재함을 제시하였다. 또한 해외투자비중이 높은 기업일수록 이러한 관계가 더욱 현저하게 나타났는데, 이는 해외투자비중이 높은 기업인 경우 외국인 임원의 역할이 더욱 중요해진다는 것으로 해석하였다. 이러한 결과는 국내 기업의 경우, 이사회 구성원으로서 외국인 임원의 역할은 통제기능뿐만 아니라 경영진의 의사결정에 조언을 제공하는 기능을 더 적극적으로 수행하고 있음을 의미한다. 그리고 전체 표본을 과잉투자와 과소투자 기업군으로 구분하여 분석한 결과, 이사회 내 외국인 임원과 투자효율성의 양(+)의 관계는 과잉투자를 감소시키는 것에서 비롯되기보다는 과소투자를 늘려 투자효율성을 증대시키는 것에서 기인하는 것으로 해석하고 있다.

박진하와 권대현(2012)은 대규모 기업집단 소속기업들의 투자효율성이 비대규모 기업집단 소속기업들과 비교해서 차이가 있는지를 분석한 결과, 대규모 기업집단 소속기업들의 투자효율성이 기타 기업들에 비해 높다는 연구결과를 제시하고 있다. 특히 대규모 기업집단 소속기업들 중에서 지배주주의 배당권이 높을수록, 기업집단 전체의 지배구조를 건실하게 하는 중요한 역할을 하는 기업일수록 그리고 사외이사비율이 높을수록 투자효율성이 높다는 주장을 하고 있다. 즉 과잉투자가능성이 높은 상황에서는 투자규모가 낮으며, 과소투자가능성이 있는 상황에서는 투자규모가 높다는 결과를 제시하였다.

이서연 등(2019)은 감사인의 감사노력이 기업의 투자효율성에 미치는 영향을 분석하였다. 분석결과에서 감사노력이 높은 기업일수록 투자의 비효율성 측정치의 절댓값은 작아진다는 결과를 제시하면서, 이는 감사인이 많은 감사노력을 기울일수록 피감사기업의 투자효율성이 향상된다는 주장을 하고 있다. 또한 과잉투자와 과소투자로 표본을 구분하여 분석한 결과, 감사노력(비정상 감사시간)과 과잉투자는 유의한 음(−)의 관련성을 보였는데, 감사인의 감사노력의 증가에 따른 투자효율성의 향상은 감사인의 감사노력이 과소투자를 증대시키는 것보다 과잉투자를 감소시키는 것에서 기인한다는 연구결과를 보고하고 있다.

최승욱과 배길수(2014)는 산업전문감사인을 통해 고품질의 감사가 피감사기업의 투자의사결정에 미치는 영향을 분석한 결과, 산업전문감사인으로부터 감사를 받은 기업은 그렇지 않은 기업에 비해 적정투자수준이 더 높다는 결과를 나타내어 효율적인 투자의사결정에 관련성이 있음을 주장하고 있다. 또한 감사품질의 대용치로 감사인 규모를 사용하여 분석한 결과, 감사품질과 효율적인 투자의사결정 간의 관련성이 있음을 제시하였다.

2.3 참고문헌

나형종, 박성욱, 이준규, 선우희연. 2018. 기업문화가 기업가치 및 기업성과에 미치는 효과. 회계저널, 27(1): 157−189.

박진하, 권대현. 2012. 외국인주주의 지분율이 기업의 투자효율성에 미치는 영향. 회계학연구, 37(3): 277−307.

이서연, 이현주, 권선국. 2019. 감사인의 감사노력이 기업의 투자효율성에 미치는 영향, 회계・세무와 감사 연구, 61(3): 33−61.

이하진, 권기정. 2019. 기업 이미지 제고를 위한 비용이 경영성과와 기업가치에 미치는 영향. 세무회계연구, 59: 41−64.

장지영, 김지령. 2015. 최고경자의 특성이 투자효율성에 미치는 영향. 회계・세무와 감사 연구, 57(1): 1−31.

전경민, 신영직, 김현표. 2018. 외국인 임원과 기업의 투자효율성, 회계학연구, 43(1): 119−165.

최승욱, 배길수. 2014. 산업전문가 감사인과 피감사기업의 투자의사결정. 회계학연구, 39(1), 185–216.

최종서, 곽영민. 2010. 경영자의 과잉투자성향과 이익조정의 관련성. 회계학연구, 35(4): 25–81.

한지연, 신수진, 배성호. 2019. 기업수명주기에 따른 이익조정이 기업가치에 미치는 영향. 회계정보연구, 37(2): 1–27.

Biddle, G. C., G. Hilary, and R. S. Verdi. 2009. How Does Financial Reporting Quality Relate to Investment Efficiency? *Journal of Accounting and Economics*, 48(2–3): 112–131.

Hubbard, R. 1998. Capital–market imperfections and investment. *Journal of Economic Literature*, 36: 193–225.

Lara, J. M. G., Osma, B. G., and Penalva, F. 2016. Accounting conservatism and firm investment efficiency. *Journal of Accounting and Economics*, 61(1): 221–238.

McNichols, M. F., and S. R. Stubben. 2008. Does earnings management affect firms' investment decisions? *The Accounting Review*, 83(6): 1571–1603.

Modigliani, Franco, and Merton H. Miller. 1958. The cost of capital, corporation finance and the theory of investment. *The American Economic Review*, 48(3): 261–297.

Tobin, James. 1958. Estimation of relationships for limited dependent variables. *Econometrica: Journal of the Econometric Society*, 26(1): 24–36.

3 노동투자효율성

3.1 개념과 모형

노동투자(labor investment)는 고용이나 투자를 한 이후 해고 또는 취소가 되지 않아 그 행위를 번복하기 쉽지 않다는 점에서 자본투자와 유사하나, 자본투자는 대규모의 일시적인 현금유출을 수반하는 반면에 인건비는 고용관계가 유지되는 동안 지속적인 현금유출이 이루어진다. 또한 자본투자와는 달리, 적정수준을 초과하는 노동의 과잉투자는 추후 기업의 구조조정에 장애요인으로 작용될 수 있다(강선민 · 조상민, 2017).

따라서 노동은 기업의 생산활동에 필수적인 요소이고 기업경쟁력을 결정하는 핵심자원이지만, 과잉노동투자가 이루어질 경우에는 사업개편 및 합병 등 기업구조조정 작업에 장애가 된다. 반대로 적정수준에 미달하는 과소고용투자가 이루어진 경우에는 필요한 생산활동을 적기에 수행하지 못함으로써 경영성과에 부정적인 영향을 미치며 결국 시장에서의 기업경쟁력의 악화를 초래하게 된다.

Pinnuck and Lillis(2007)의 기대 고용증가율을 구하는 모형으로 식 (2-13)에서와 같이, 고용수준 또는 노동투자 비효율성에 영향을 줄 수 있는 요소로 매출증가율(SALES_GROWTH), 총자산순이익률(ROA), 연간 주가수익률(RETURN), 기업규모(SIZE_R), 당좌(유동)비율(QUICK), 부채비율(LEV), 소폭보고손실(LOSSBIN)을 변수로 활용한다. 매출증가율은 기업의 투자기회를 통제하기 위한 변수이며, 총자산순이익률과 주가수익률은 수익성이 투자결정에 미치는 영향을 통제하기 위하여 모형에 포함된다. 기업규모는 기업규모 차이 효과를 통제하기 위한 것이며, 기업의 유동성 차이 효과를 통제하기 위해 당좌비율이 모형에 포함된다. 부채비율은 기업의 자본구조 차이를 통제하기 위한 것이고 노동투자의 비효율성에 영향을 미칠 수 있는 구간별 기업의 경제적 손실을 통제하기 위해 ROA의 손실구간이 포함되었다. 또한 산업별 및 연도별 차이를 통제하기 위해 산업별 더미변수와 연도별 더미변수가 모형에 포함된다.

기업의 실제 노동투자가 적정 노동투자를 초과(미달)하면 과잉(과소)투자로 정의하고 과잉투자와 과소투자를 모두 노동투자비효율성(labor investment inefficiency)으로 정의한다.

노동투자효율성을 측정하기 위해서는 먼저 이러한 기업 여건을 고려한 기대 고용증가율을 추정해야 하며 그 추정된 잔차값(ε)을 노동투자비효율성으로 정의한다. 이 모형은 해당 기업의 실제 고용증가율에서 기업의 경제적 여건을 반영한 예상 고용증가율을 차감한 값을 노동투자비효율성으로 하고, 그 값이 0에 가까울수록 노동투자가 효율적인 것으로 정의한다. 종속변수인 NET_HIRE는 고용증가율이며, 독립변수는 고용증가율에 영향을 미치는 다양한 기대변수들로 구성되어 있다. Pinnuck and Lillis(2007)가 제시한 모형에서 측정한 잔차값을 노동투자비효율성으로 정의하고 양수가 나오면 실제 고용증가율이 기업의 예상 고용증가율보다 더 높기 때문에 과다고용투자기업, 음수가 나오면 실제 고용증가율이 기업의 예상 고용증가율보다 더 낮기 때문에 과소고용투자기업으로 구분하였다.

$$
\begin{aligned}
NET\_HIRE_{it} = {} & \alpha_0 + \alpha_1 SALES\_GROWTH_{it-1} + \alpha_2 SALES\_GROWTH_{it} \\
& + \alpha_3 \Delta ROA_{it} + \alpha_4 \Delta ROA_{it-1} + \alpha_5 ROA_{it} + \alpha_6 RETURN_{it} \\
& + \alpha_7 SIZE\_R + \alpha_8 QUICK_{it-1} + \alpha_9 \Delta QUICK_{it-1} \\
& + \alpha_{10} \Delta QUICK_{it} + \alpha_{11} LEV_{it-1} + \alpha_{12} LOSSBIN1_{it-1} \\
& + \alpha_{13} LOSSBIN2_{it-1} + \alpha_{14} LOSSBIN3_{it-1} \\
& + \alpha_{15} LOSSBIN4_{it-1} + \alpha_{16} LOSSBIN5_{it-1} \\
& + \sum IND + \sum YEAR + \varepsilon_i
\end{aligned}
\tag{2-13}
$$

여기서,

NET_HIRE : 종업원의 고용증가율(%)(=당기 종업원 수−전기 종업원 수)÷전기 종업원 수×100)

SALES_GROWTH : 매출증가율(%)

ROA : 총자산이익률(=당기순이익÷기초총자산)

RETURN : t연도 연간 주가수익률

SIZE_R : 기초시가총액에 자연로그를 취한 값의 fractional rank

QUICK : 유동성(현금 및 단기투자자산÷유동부채)

LEV : 부채비율(총부채÷총자산)

*LOSSBIN*1 : 직전년도 ROA가 0~−0.005이면 1, 아니면 0

*LOSSBIN*2 : 직전년도 ROA가 −0.005~−0.010이면 1, 아니면 0

*LOSSBIN*3 : 직전년도 ROA가 −0.010~−0.015이면 1, 아니면 0

*LOSSBIN*4 : 직전년도 ROA가 −0.015~−0.020이면 1, 아니면 0

*LOSSBIN*5 : 직전년도 ROA가 −0.020~−0.025이면 1, 아니면 0

IND : 산업더미

YEAR : 연도더미

3.2 최근 관련 연구

강선민과 조상민(2017)은 회계정보의 질과 경쟁강도가 노동투자효율성에 미치는 영향을 분석하였는데, 회계정보의 질과 경쟁강도는 각각 노동투자효율성을 개선한다는 연구결과를 제시하고 있다. 이 결과는 회계정보와 경쟁강도 모두 경영자의 기회주의 경영의사결정 유인을 억제하고 경영자와 외부투자자의 정보비대칭을 완화함으로써 노동투자효율성을 개선하는 것이라고 주장하고 있다. 추가적으로 전체표본을 과잉투자와 과소투자 표본으로 구분하여 분석한 결과 회계정보는 과소투자 표본에서, 경쟁강도는 과잉투자 표본에서 유의성이 확인되었는데, 이 결과는 투명한 회계정보가 노동투자를 촉진하는 방식으로, 경쟁강도는 과잉투자를 억제하는 방식으로 효율적인 노동투자를 유도한다는 주장을 하고 있다.

이강영과 김갑순(2018)은 조세회피와 노동투자효율성의 관련성을 분석한 결과, 경영자의 조세회피 수준이 기업의 고용증가율에 긍정적인 영향을 미치고 있으며, 당기배당뿐만 아니라 차기배당에 음(−)의 영향을 준다는 결과를 제시하고 있다. 또한 조세회피효과를 제거한 기업의 노동투자효율성이 당기배당 및 차기배당에 양(+)의 영향을 미친다는 주장을 하고 있다. 이러한 결과는 조세회피가 노동투자를 늘리고 있다는 결과를 제시함으로써 경영자는 조세회피를 통해 만들어진 절세금액을 이용하여 자본투자와 노동투자를 늘리고 있으나 주주에 대한 배당에는 부정적인 영향을 미칠 수 있다고 해석하고 있다.

전순철 등(2018)은 자본투자와 노동투자의 효율성에 고용창출투자세액공제가 미치는 영향을 분석하였다. 과다자본투자기업과 과소자본투자기업으로 구분하여 분석한 결과, 고용창출투자세액공제가 과다자본투자기업의 자본투자효율성을 낮추었으나, 과소자본투자기업의 자본투자효율성을 향상시킨다는 분석결과를 제시하고 있다. 또한 고용창출투자세액공제는 과다노동투자기업의 노동투자효율성 수준을 낮추었으나, 과소노동투자기업의 노동투자효율성을 향상시킨다는 주장을 하고 있다. 이러한 결과는 고용창출투자세액공제가 과소투자기업에게 투자를 촉진시켜 투자효율성을 제고함으로써 세제혜택을 부여하여 자본투자와 신규고용을 증가시키려는 고용창출투자세액공제의 정부정책이 효과적으로 달성되고 있다는 것으로 해석하고 있다.

3.3 참고문헌

강선민, 조상민. 2017. 회계정보의 질과 경쟁강도가 노동투자효율성에 미치는 영향. Korea Business Review, 21(1): 237−259.

이강영, 김갑순. 2018. 조세회피와 노동투자효율성이 배당에 미치는 영향. 조세연구, 18(2): 215−239.

전순철, 김용수, 노희천. 2018. 고용창출투자세액공제가 자본투자와 노동투자의 효율성에 미치는 영향. 대한경영학회지, 31(5): 981−1007.

Pinnuck, M. and A. Lillis. 2007. Profits versus loss: Does reporting and accounting loss act as a heuristic trigger to exercise the abandonment option and divest employes? *The Accounting Review*, 82(4): 1031–1053.

4 수익비용대응

4.1 Dichev and Tang(2008)의 추정모형

4.1.1 개념과 모형

수익(revenue)은 실현주의(realization principle)기준에 따라 인식하고, 비용(expense)은 그 해당 수익에 대응하여 인식한다. 그래서 수익과 직접 관련하여 발생한 비용은 동일한 거래나 사건에서 발생하는 수익을 인식할 때 대응하여 인식한다(기업회계기준서, 재무회계 개념체계, 문단 146-가). 여기서 비용은 발생된 원가와 특정 수익항목의 가득 간에 존재하는 직접적인 관련성을 기준으로 포괄손익계산서에 반영한다. 수익에 원가를 대응시키는 과정에는 동일한 거래나 그 밖의 사건에 따라 직접 그리고 공통으로 발생하는 수익과 비용을 동시에 또는 통합하여 인식하는 것이 포함된다.[3)]

결국, 당기수익은 당기의 비용과의 높은 수준의 관련성을 보여야 하며, 그 관련성은 전기 또는 차기비용과의 관련성보다 상대적으로 크게 된다. 그러나 당기수익이 당기비용보다 전기비용 내지 차기비용과의 관련성 수준이 크다면 이는 수익비용대응(matching principle)이 되지 않고 비용을 조기인식 또는 지연인식하는 것으로 판단할 수 있다.

수익비용대응 수준을 측정하기 위한 대표적인 모형으로 Dichev and Tang(2008)이 있다. 이 모형은 일반적으로 수익비용대응 수준을 인식속도 측면으로 분석할 경우에 활용될 수 있다. 백원선(2011)과 같이 REV를 t년 매출액과 영업외수익을 합한 금액으로 측정할 수도 있지만, 분석목적에 따라 각각의 비용에 대응되는 수익을 매출액으로 한정하여 측정할 수 있으며 영업외수익은 기업에 따라 영업외비용과 상계하여 순액으로 보고하는 경우도 있으므로 현정훈 등(2014)과 같이

3) 한국채택국제회계기준, 재무보고를 위한 개념체계, 문단 4.50

영업외수익을 음(−)의 비용의 성격으로 간주할 수도 있다.

식 (2−14)에서 추정된 당기비용의 회귀계수(α_2)가 클수록 수익비용대응이 적절한 것을 의미한다. 물론 이론적으로는 수익비용대응이 완전하게 이루어질 경우에 당기비용의 회귀계수는 1이 되어야 한다. 그러나 현실적으로 1보다 큰 경우도 존재하는 것으로 Dichev and Tang(2008)의 연구결과에서도 관찰된다. 또한 전기비용의 회귀계수(α_1)는 비용의 가속인식을 나타내며 차기비용의 회귀계수인 α_3는 비용의 지연인식 수준을 나타낸다.

$$REV_{it} = \alpha_0 + \alpha_1 \mathrm{EXP}_{t-1} + \alpha_2 \mathrm{EXP}_{it} + \alpha_3 \mathrm{EXP}_{t+1} + \varepsilon_{it} \qquad (2-14)$$

여기서,

REV: t년도 총수익(=(매출액+영업외수익)/총자산 평균)

EXP : t−1년도, t년도 및 t+1년도 총비용(=(매출원가+판매비와관리비+영업외비용)/총자산 평균)

수익비용대응 수준을 측정하는 기본적인 식 (2−14)를 활용하여 주요 관심변수(interest variable)의 영향을 분석하기 위한 연구모형의 형태는 식 (2−15)와 유사하게 설계될 수 있다. 만약 λ_5와 λ_6이 각각 통계적으로 유의한 음(−)과 양(+)의 계수를 나타낸다면 주요 관심변수로 인해 수익비용대응 수준이 낮으며 오히려 지연인식하려는 성향이 있다고 해석된다.

$$\begin{aligned} REV_{it} = {} & \lambda_0 + \lambda_1 \mathrm{EXP}_{t-1} + \lambda_2 \mathrm{EXP}_{it} + \lambda_3 \mathrm{EXP}_{t+1} + \lambda_4 Interest\,Variable_{it} \\ & + \lambda_5 Interest\,Variable_{it} \times \mathrm{EXP}_{it} + \lambda_6 Interest\,Variable_{it} \\ & \times \mathrm{EXP}_{t+1} + \varepsilon_{it} \qquad (2-15) \end{aligned}$$

여기서,

REV: t년도 총수익(=(매출액+영업외수익)/총자산 평균)

EXP : t−1년도, t년도 및 t+1년도 총비용(=(매출원가+판매비와관리비+영업외비용)/총자산 평균)

Interest Variable: 주요 관심변수로서 더미변수 형태

4.1.2 최근 관련 연구

현정훈 등(2014)은 최근 29년간 국내 기업들의 수익비용대응의 추세를 분석한 결과, 총비용의 구성요소 영업외비용과 총수익 간의 대응관계 약화현상이 가장 크게 나타났고, 영업외비용이 총수익비용대응관계 감소의 주요 원인으로 악화되었으며, 영업외손익의 세부항목인 이자손익의 시계열상 추세가 영업외손익의 추세를 결정하고 있다. 또한 총수익과 영업외손익 간의 대응관계를 감소시키고, 이러한 감소가 전반적인 수익비용대응관계의 시계열적인 약화에 영향을 주고 있음을 보고하고 있다. 따라서 한국 시장에서 발생되는 수익비용대응의 감소는 영업활동과 관련된 경제 불확실성의 증가에서 비롯되었던 미국 기업들과는 달리, 재무구조 건전화를 통해 경쟁력을 키우려는 한국 기업들의 투자, 재무전략이 주요한 원인이라고 주장하고 있다.

김도윤 등(2017)은 부채비율과 과잉투자가 수익비용대응 패턴에 어떠한 영향을 미치는지 분석하였는데, 부채비율이 높은 기업의 당기수익과 당기비용 간의 대응은 약화되었으나 당기수익과 차기비용 간의 대응은 오히려 강화된 분석결과를 제시하였다. 이러한 결과는 부채비율이 높은 기업은 실적부진 등으로 매출이 감소하므로 비용과의 대응이 적절하지 않아 당기의 수익비용대응이 약화된 것으로 해석하고 있다. 또한 부채비율이 높은 기업의 경영자는 경영난을 극복하고자 다양한 이익조정유인을 가지게 되며, 손실회피나 대출요건 등을 완화하기 위하여 비용을 지연하여 인식할 수 있으므로 당기수익과 차기비용 간 대응은 강화된 반면, 상대적으로 당기수익과 당기비용 간 대응은 약화된 것이라는 주장을 하고 있다. 부채비율이 높더라도 과잉투자성향이 낮은 기업의 경우 당기수익과 당기비용 간 대응은 강화되고 당기수익과 차기비용 간 대응은 약화되는 것으로 나타났는데, 이는 부채비율은 높지만 과잉투자하지 않는 기업은 현재 확보한 투자여력을 이용하여 향후 재무구조 및 수익성을 개선한다는 결론을 도출하였다.

박성종(2017)은 수익비용대응과 비용인식속도에 따른 이익의 가치관련성에 미치는 영향을 분석한 결과, 중립인식한 집단, 가속인식한 집단 및 지연인식한

집단 순으로 가치관련성이 높다는 연구결과를 제시하고 있다. 또한 수익비용대응 수준이 높은 집단에서 다른 집단보다 이익과 주가와의 관련성이 높은 것으로 나타났으나, 수익비용대응 수준이 낮은 집단이 중간집단보다 이익과 주가와의 관련성이 더 높게 나타났는데, 이는 수익비용대응 수준이 낮은 집단에 보수적 회계처리 기업이 존재하기 때문인 것으로 해석하고 있다.

4.2 Adjusted R−square를 이용한 방법론

4.2.1 개념과 모형

Dichev and Tang(2008)과 백원선(2011)의 연구에서 방법을 이용한다. 먼저 각 기업−연도별 10년 자료를 이용하여 당기수익(REV)과 비용(EXP) 간의 회귀식인 식 (2−16)의 각 기업별 'adjusted R−square'를 산출한다.

식 (2−16)으로부터 산출된 개별 기업별(또는 횡단면분석인 경우에는 산업−연도별) adjusted R−square가 클수록 수익비용대응이 적절하다는 것을 의미한다. adjusted R−square는 Rolling ten year period방식으로 기업−연도별로 최근 10년간 시계열 자료를 이용하여 산출하였다. 구체적으로 기업의 2001년의 수익비용대응의 적절성은 1992년부터 2001년까지 10년간 자료로부터 추정한 모형의 설명력이며, 2002년의 수익비용대응의 적절성은 1993년부터 2002년까지 10년간 자료로부터 추정한 회귀식의 설명력이다.

한편, 백원선(2011)의 연구와 동일하게 수익비용대응 수준이 높은 집단(상위 33%), 중간 집단(상위 33%<집단<하위 33%)과 낮은 집단(하위 33%)으로 구분하여 수익대응 수준의 변수로 사용할 수 있다.[4)]

---

4) 식 (2−16)의 모형은 1차 자기상관(autocorrelation)관계를 무시하는 한계점이 존재할 수 있다. 따라서 정현욱·문상혁(2016)과 같이 $\Delta REV_{it} = \Delta \mathrm{EXP}_{it} + \varepsilon_{it}$의 모형을 사용하기도 한다.

$$REV_{it} = \alpha_0 + \alpha_1 \mathrm{EXP}_{it} + \varepsilon_{it} \tag{2-16}$$

여기서,

REV: t기 총수익(= 매출 + 영업외수익) ÷ t − 1기와 t기의 평균총자산

EXP : t기 총비용(= 매출원가 + 판매비와관리비 + 영업외비용) ÷ t − 1기와 t기의 평균 총자산

4.3 참고문헌

김도윤, 백원선, 이보미. 2017. 부채비율과 과잉투자성향이 수익비용대응에 미치는 영향. 회계학연구, 42(3): 1-36.

박성종. 2017. 비용인식 속도와 수익비용대응수준이 가치관련성에 미치는 영향. 세무와 회계저널, 18(2): 79-102.

백원선. 2011. 수익비용대응원칙과 이익의 질. 회계학연구, 36(2): 101-127.

정현욱, 문상혁. 2016. 수익비용대응 수준과 투자자들 간의 상이한 믿음. 한국산업경제학회 정기학술발표대회 초록집, 793-819.

현정훈, 안태식, 오승빈, 조형진. 2014. 수익비용대응의 변화: 재무구조의 영향에 대한 분석. 회계학연구, 39(1): 43-76.

Dichev, I. and Tang, V. 2008. Matching and the changing properties of accounting earnings over the last 40 years. *The Accounting Review*, 83(6): 1425-1460.

5 경영자능력

5.1 개념과 모형

경영자능력(managerial ability)의 측정치는 Demerjian et al.(2012)의 방법론에 따라 측정된다. Demerjian et al.(2012)은 자료포락분석(DEA, data envelopment analysis)을 활용하여 기업의 투입 대비 산출에 대한 상대적 효율성을 추정하고, 이 효율성 중에 기업 고유의 특성(firm-specific characteristics)을 제거한 효율성을 경영자능력으로 정의하고 있다.

DEA에 의해 산출된 기업 전체의 효율성 측정치에서 효율성에 영향을 미칠 수 있는 기업 고유의 특징을 토빗 회귀분석(tobit regression)을 이용하여 제거한 후 남는 잔차값은 경영자능력으로 정의된다. Demerjian et al.(2012)이 제시한 2단계 추정절차는 다음과 같다.

5.1.1 1단계

상대적 효율성은 투입 대비 산출관계로 DEA를 활용하여 측정한다. 동일 산업에 속한 기업의 상대적 효율성을 식 (2-17)과 같이 산출한다. Q를 최대화시키는 산출물의 가중치(μ)와 투입물의 가중치(γ)를 추정한 후, 이를 개별 기업-연도의 투입물과 산출물에 적용하여 개별 기업의 상대적 효율성(firm efficiency)을 측정한다. 여기서 분석의 신뢰도를 제고하기 위해 산업 내 표본수가 30개 미만인 산업은 분석에서 제외하는 것이 일반적이다(고창열 등, 2013).

$$Max_{\mu\gamma}Q = \frac{\mu_1 SALES}{\gamma_1 PPE + \gamma_2 INTANGIBLE + \gamma_3 COGS + \gamma_4 SG\&A} \qquad (2-17)$$

여기서,
SALES : 영업수익
PPE : 유형자산(=유형자산-토지-건설중인자산-미착자산)
INTANGIBLE : 무형자산
COGS : 매출원가
SG&A : 판매비와일반관리비

5.1.2 2단계

DEA방법에 의해 측정된 기업의 상대적 효율성 측정치는 기업특성요인에 의한 효율성과 경영자능력에 따른 효율성을 포함한다. 따라서 경영자에게 귀속되는 효율성을 분리하기 위해 Demerjian et al.(2012)은 기업규모(assets), 시장점유율(market share), 자유현금흐름(free cash flow), 설립 후 경과연수(firm age), 사업부문 수(business segment), 외환관련 계정(foreign currency) 등 여섯 가지의 기업특성요인을 기업의 총효율성 점수에서 제거하였다. 즉 기업의 효율성에 영향을 미치는 여섯 가지 기업특성요인을 회귀분석에 포함하여 기업특성요인으로 인한 효율성과 경영자능력에 따른 효율성을 구분하였다.

첫째, 능력이 높은 경영자는 규모가 큰 기업에 고용될 수 있기 때문에 기업규모를 통제한다. 둘째, 규모가 크고 시장점유율이 높은 기업의 경영자는 공급자 및 고객과의 협상 시 보다 높은 협상력이 요구되므로 기업특성요인으로 포함하였다. 셋째, 양(+)의 자유현금흐름으로 측정되는 가용한 현금을 보유한 기업의 경영자는 능력을 일정하게 유지하면서 좀 더 효과적으로 양(+)의 순현재가치를 갖는 프로젝트를 진행할 수 있다. 넷째, 기업의 수명주기상 초기투자비용과 프로젝트에 대한 향후 경영자의 기회가 경영자능력에 영향을 미칠 수 있으므로 기업의 설립 이후 경과연수를 통제한다. 다섯째, 다양한 산업에서의 조직운영은 더 많은 지식이 필요하고 개별 산업에 투입되는 경영진의 역량집중을 저해시키므로 다각화가 많이 될수록 경영진이 효율적으로 자원을 배분하는 것에 어려움을 겪게 될 것이다. 이 산업부문의 수를 대신하여 해당 기업의 생산제품 및 서비스군의 수, 매출액의 크기로 측정하는 경우도 있다. 왜냐하면 산업부문별로 서로 다른 제품을 생산하거나 다른 서비스를 제공하기 때문에 이러한 제품군이나 서비스군의 수가 산업부문의 수와 동일할 것이라고 가정하기 때문이다(이건 등, 2015; 정경철·이건, 2017). 여섯째, 외환관련 거래로 인한 복잡성을 통제하기 위해 외환관련 계정인 외화환산손익, 외환차손익, 기타 외환거래관련 손익 등의 각각 절댓값의 합을 총매출액으로 나누어 고려한다. 환율변동에 대한 영향을 많이 받는 경영자일수록 복잡한 환경으로 인해 복잡한 의사결정에 직면할 수 있다.

이상의 내용을 고려하여 경영자능력을 측정하기 위해 식 (2-18)을 이용하여 연도별 고정효과(year fixed effects)를 포함한 토빗 회귀분석(Tobit regression)을 수행하고 경영자능력을 나타내는 잔차(ε)를 도출한다.

$$\begin{aligned} FirmEfficiency_{it} &= \theta_0 + \theta_1 \log(Assets)_{it} + \theta_2 MarketShare_{it} \\ &\quad + \theta_3 FreeCashFlow_{it} + \theta_4 \log(Age)_{it} + \theta_5 Segment_{it} \\ &\quad + \theta_6 ForeignCurrency_{it} + \theta_7 YD_{it} + \varepsilon_{it} \end{aligned} \qquad (2-18)$$

여기서,

$FirmEfficiency$: 식 (2-17)에서 계산된 기업효율성 점수

$\log(Assets)$: 기업규모로서 기초총자산의 자연로그값

$MarketShare$: 시장점유율로서 동일 산업 내의 매출액 점유율

$FreeCash\ Flow$: 자유현금흐름으로 (영업이익 $-\Delta$운전자본$-$투자액)이 0보다 크면 '1', 그렇지 않으면 '0'

$\log(Age)$: 상장 이후 경과연수로서 경과연수+1의 자연로그값

$Segment$: 사업부문 수의 자연로그값

$ForeignCurrency$: 외환관련 계정으로서 (외환차손익+외화환산손익)의 절댓값÷매출액

YD : 연도 더미변수

5.2 최근 관련 연구

고창열과 정훈(2016)은 경영자능력이 경영자보상에 미치는 영향을 분석한 결과, 경영자능력은 경영자보상과 통계적으로 유의한 양(+)의 관련성을 보임으로써 경영자의 보상이 경영자의 능력을 반영한다는 경영자능력가설을 검증하였다. 또한 경영자가 해당 기업의 주식을 보유한 기업의 경우 경영자능력과 보상 간의 양(+)의 관련성이 다소 약화되어 경영자가 자사주식을 보유한 경우 경영자의 능력을 지분가치의 상승으로 보상받을 수 있기 때문에 경영자능력이 경영자의 보상에 미치는 양(+)의 영향이 경영자가 자사주식을 보유하지 않은 경우보다는 다소 감소한다는 주장을 하고 있다.

정경철과 이건(2017)은 경영자능력에 따라 감사노력과 감사보수에 미치는 영향을 분석한 결과, 경영자능력이 우수한 경우 감사보수와 감사시간이 감소하지만 시간당 감사보수에는 유의한 영향을 미치지 못하였다. 또한 경영자교체가 이루어져 경영자능력에 대한 정보가 없는 경우에는 감사보수와 감사시간 및 시간당 감사보수에 영향을 주지 않는다는 연구결과를 제시하고 있다. 이러한 결과에 대해 경영자능력으로 인한 감사위험의 감소효과가 초도감사에서 증가하는 기초잔액의 확인 등 감사절차의 증가로 인한 효과와 상쇄된 결과로 해석하고 있다. 또한 부채비율이 높아져서 증가하는 감사위험이 경영자능력의 우수성에 의한 감사위험 감소효과가 상쇄된 결과로서 보수를 조절하기보다는 감사인의 노력투입 수준을 조절해서 대응한다는 연구결과를 제시하였다.

이규상과 이상완(2017)은 경영자능력, 조직성과 및 성과측정지표의 다양성 간의 관계를 분석한 결과, 성과측정지표의 다양성은 재무성과에 양(+)의 관련성을 보이며, 경영자능력은 성과측정지표의 다양성과 비재무성과 모두에 대해 양(+)의 관련성을 나타내는 것으로 보고하고 있다. 이러한 결과가 경영자능력에 따른 통제시스템의 운영적 차이가 성과의 차이를 유도할 수 있음을 보여주며, 급변하는 기업의 내외부적 환경 변화를 빠르게 인식하고 그에 대한 대응적 조치로써 조직 내 운영시스템의 변화를 유도하여 향후 창출되는 기업의 성과를 증진시킬 수 있는 방향으로의 의사결정 책임자로서 경영자에게 요구되는 능력의 효과라는 해석을 하고 있다.

정주렴 등(2017)은 경영자능력이 기업투자의 효율성에 미치는 영향을 분석한 결과, 경영자능력이 높을수록 기업의 최적투자액을 벗어나는 과대투자 및 과소투자가 감소하여 전반적인 투자효율성이 증대된다는 연구결과를 제시하고 있다. 특히 전반적인 산업환경이 악화되는 금융위기 당시에는 과대투자가 유의하게 감소하지만 과소투자는 감소하지 않았는데, 이 결과는 능력있는 경영자의 경우 최적투자에 가깝게 투자하며, 특히 경제위기와 같은 특수한 상황에서는 기업환경에 맞게 효율적으로 투자액을 조정한다는 주장을 하고 있다.

여영준과 고창열(2017)은 경영자능력이 내부통제품질에 미치는 영향을 분석한 결과, 경영자의 능력이 높은 기업일수록 중요한 취약점이 덜 보고되는 것으로 나타났으며, 이러한 결과는 전체 표본을 대상으로 한 분석과 대응 표본을 구성하여 수행한 분석 모두에서 일관되게 나타난다는 연구결과를 제시하고 있다. 특히 이는 효율성으로 측정한 경영자의 상대적 능력이 우수할수록 내부통제가 효과적으로 운영되고 있음을 의미하며, 경영자능력과 내부통제의 품질 간의 양(+)의 관련성을 확인해 주는 결과로 해석하고 있다.

김범준 등(2018)은 경영자능력과 감사인의 산업전문성의 관련성을 분석한 결과, 경영자의 능력이 높은 기업일수록 산업전문감사인을 선임하지 않는다는 결과를 제시하면서 경영자의 능력이 높은 경우 기업의 운영 및 재무제표 작성과 관련하여 대리인비용이 적기 때문에 외부감사품질에 대한 요구가 상대적으로 낮을 수 있다는 주장을 하고 있다. 또한 유능한 경영자가 존재하는 기업의 경우 대리인문제를 해결하기 위하여 굳이 산업전문감사인을 통해서 프리미엄 감사서비스를 받을 필요가 없으나 기업지배구조가 좋을수록 감사인 선임과정에서 대리인비용을 고려한다는 연구결과를 제시하고 있다.

Lee and Yoon(2020)은 경영자능력이 조세비용과 비조세비용의 상충관계에 미치는 영향을 분석한 결과, 경영자능력이 높은 기업일수록 조세비용뿐만 아니라 비조세비용을 동시에 고려하여 효율적인 세무계획(effective tax planning)을 수행한다는 연구결과를 제시하고 있다. 기업의 경영효율성이 이러한 비용들의 상충관계를 반영하는지를 분석한 결과, 투입 대비 산출 정도를 나타내는 경영효율성이 재무보고비용과 조세비용 간의 균형을 통해 극대화시킬 수 있다는 연구결과를 제시하고 있다.

5.3 참고문헌

고창열, 박준호, 정훈, 유관희. 2013. DEA를 이용한 경영자능력이 기업성과에 미치는 영향에 관한 연구. 관리회계연구, 13(1): 165-200.

고창열, 정훈. 2016. 경영자능력이 경영자보상에 미치는 영향. 재무와 회계정보저널, 16(2): 113-139.

김범준, 박진하, 현지원. 2018. 경영자능력과 감사인의 산업전문성. 회계저널, 27(2): 113-149.

여영준, 고창열. 2017. 경영자능력이 내부통제품질에 미치는 영향. 전문경영인연구, 21(4): 239-257.

이건, 한승수, 김웅길. 2015. 경영자능력이 보수주의에 미치는 영향에 관한 연구. 회계학연구, 40(3): 257-297.

이규상, 이상완. 2017. 경영자능력과 조직성과 간 관계에서 성과측정지표의 다양성의 역할. 회계저널, 26(6): 73-98.

정경철, 이건. 2017. 경영자능력과 감사노력 및 감사보수 프리미엄의 관계. 회계정보연구, 35(3): 301-331.

정주렴, 김범준, 권세원. 2017. 경영자능력이 기업의 투자효율성에 미치는 영향. 회계정보연구, 35(1): 359-382.

Demerjian, P., B. Lev, M. F. Lewis, and S. McVay. 2012a. Managerial ability and earnings quality. *The Accounting Review*, 88(2): 463–498.

Demerjian, P., B. Lev, and S. McVay. 2012b. Quantifying managerial ability: A new measure and validity tests. *Management Science*, 58(7): 1229–1248.

Lee, K. Y. and S. M. Yoon. 2020. Managerial Ability and Tax Planning: Trade–off between Tax and Nontax Costs. *Sustainability*, 12(1), 370: 1–13.

6 경영자의 자기과신성향

6.1 개념과 모형

경영자는 사업의 기획부터 영업활동, 투자활동 및 재무활동에 이르기까지 기업의 중요한 의사결정에 영향을 미치며 기업이 나아가야 할 방향을 제시한다. 이러한 경영자는 개인적인 성향을 토대로 유사한 사건에 대해 다른 의사결정을 제시할 수 있으며, 경영자의 개인성향에 따라 기업성과 또한 다르게 나타날 수 있다. 경영자의 성향은 혁신적이거나 안정성을 추구할 수도 있으며 때로는 위기에 과감하게 대응할 수도 있다.

다양한 경영자의 성향 중 과신성향은 경영자의 비합리적인 의사결정을 유발할 수 있다. 일부 경영자들은 미래의 불확실한 성과를 보다 과대평가(overestimate)하거나 불확실한 위험을 보다 과소평가(underestimate)하므로 미래의 긍정적인 결과가 발생할 가능성을 높게 평가할 수 있다. 이러한 과신성향이 대표적인 개인의 인지적 편의(cognitive bias)라고 할 수 있다(Kahneman, 2011).

경영자 과신성향 측정치는 크게 자사주 보유율 및 순매수기준의 방법론, 경영자에 대한 언론평가, 스톡옵션을 활용한 방법론과 경영자의 투자성향 수준을 활용한 방법론으로 구분된다. 그러나 언론의 평가는 일부 경영자만을 대상으로 이루어지고 언론사의 주관성이 반영되어 있어 모든 기업의 경영자를 측정대상으로 삼기에는 어려움이 있다(김성환, 2018).[5]

5) 국내의 경우 스톡옵션 행사에 대한 정보가 일부에 한정되어 공시되고 있기 때문에 포괄적인 연구에 한계가 있다. 따라서 현재는 경영자의 투자성향으로 측정한 과신성향 측정치를 많이 사용하고 있다.

6.1.1 자사주 보유율 및 순매수기준의 방법론

자사주 보유율 및 순매수기준의 방법론은 경영자의 자사주 순매수 비중을 활용한 측정치를 추정하는 것이다. 일반적으로 경영자는 자사주 매입에 있어서 제약이 있거나, 매입한 자사주를 통해 단기 매매수익을 실현하는 데 제한이 있기 때문에 기업의 미래 성과를 바탕으로 신중하게 자사주를 매입하게 된다. 이것은 경영자가 일반적으로 미래 기업성과가 양호할 것으로 강하게 예상할 때 자사 주식을 매입하는 유인이라 할 수 있다(Malmendier and Tate, 2005).

그러나 국내는 대표이사나 회장 등의 직함뿐만 아니라 임원, 등기임원 등으로 분류되는 경우가 있고 공동대표 및 각자 대표의 형태로 최고경영자가 누구인지 구분하기 어려운 경우도 있기 때문에 CEO의 자사주 순매수비율을 별도로 수집하는 데 제한이 있다(황규영 · 김응길, 2018). 그럼에도 불구하고 등기임원의 자사주 순매수 여부와 주식 수, 시점 등은 직접 조사(hand collecting)할 수 있다. 다양한 임원 중 등기임원이고 상근임원인 경우에 한해 의사결정에 영향을 줄 수 있는 경영진으로 정의하고, 임원진 개개인의 자사주 순매수비율을 산출한 뒤 개인의 지분율을 바탕으로 가중 평균한 값을 해당 기업의 자사주 순매수비율로 정의한다.

또한 유통보통주식수 대비 순매수한 자사주비율이 연도별 중위수를 초과할 경우, 자기 과신성향이 높다는 것으로 정의하며, 여기서 연도별 중위수를 산출할 때 기준이 되는 표본은 자사주의 순매수가 이루어진 기업만을 대상으로 한다. 왜냐하면 자사주 순매수가 이루어지지 않은 다른 기업까지 포함한다면 과신성향 이외의 다른 이유에 의해 발생할 수 있는 자사주 매매행위가 희석될 수 있기 때문이다.[6)]

6) 한편, 경영진의 자사주 순매수 혹은 순매도가 이루어지지 않는 기업을 경영자의 과신성향이 없다고 정의할 수 없다. 왜냐하면 자사주 순매수도행위가 경영자의 의지와는 독립적이어서 사건에 해당되지 않는 표본을 쉽게 과신성향과 무관하다고 정의하기 어렵기 때문이다.

6.1.2 경영자의 스톡옵션 행사 여부를 활용한 방법론

과신성향이 있는 경영자는 옵션의 행사일이 다가오거나 지나더라도 기업의 미래성과가 더 높을 것으로 확신하고 있어 옵션행사행위를 연기할 가능성이 있다. 따라서 경영자가 보유한 미행사 스톡옵션의 내재가치가 시장가치에 비해 높을수록 경영자는 현재의 기업가치가 과소평가되어 있다고 생각하고, 미래의 기업가치를 과대평가하는 과신성향이 있을 수 있다.

CEO의 스톡옵션 관련 자료만 별도로 파악하기는 어려우므로 임원진 자료를 기초로 파악한다. 그러나 임원진 중에서도 스톡옵션을 부여받은 경우와 그렇지 않은 경우가 있을 수 있다. 먼저 스톡옵션을 부여받은 개별 임원을 대상으로 다음과 같은 절차를 통해 내재가치비율을 산정한다.

우선 행사가 가능하나 행사하지 않은 옵션의 행사가격을 전체 옵션수로 나누어 평균 행사가격(C)을 계산한다. 그리고 기말주가(P)에서 평균 옵션 행사가격(C)을 차감하여 평균 내재가치(X=P−C)를 산출한다. 이렇게 산출된 평균내재가치(X)를 평균 옵션행사가격(C)으로 나누어 내재가치비율(X/C)을 산정한다. 자사주기준과 마찬가지로 동일 기업 내에 개별 임원별로 내재가치비율이 산출되면 임원진의 지분율을 바탕으로 가중 평균하여 해당 기업-연도의 내재가치비율을 계산한다. 이러한 비율이 0.67[7]을 상회할 경우 경영자의 과신성향이 있는 것으로 구분한다. 즉 옵션의 내재가치비율이 주식 대비 67% 증가했음에도 불구하고 실현하지 않고 있는 경영자는 과신성향이 있는 것으로 판정한다(황규영・김응길, 2018).

한편, 경영진에게 스톡옵션이 부여되지 않는 기업을 경영자의 과신성향이 없다고 단정 지을 수는 없다. 스톡옵션을 계약상 부여하지 않는 경우 경영자의 과신성향과는 별개로 경영자는 미행사 스톡옵션의 내재가치비율을 구할 수 없게

7) Hall and Murphy(2002)는 스톡옵션을 행사하는 바람직한 임계수준을 67%로 정한 바 있다. Malmendier and Tate(2005)는 Hall and Murphy(2002)의 방법에 따라 옵션의 내재가치비율이 67% 이상임에도 행사를 하지 않는 경영자를 Holder67(과신성향이 있는 경영자)로 분류하였으며, 이후 대부분 연구에서 이 수치를 사용하고 있다.

된다. 왜냐하면 스톡옵션 부여라는 사건이 경영자의 의지와는 독립적일 수 있어 이 사건에 해당되지 않는 표본을 쉽게 과신성향과 무관하다고 정의하기 어렵기 때문이다.

6.1.3 경영자의 투자성향 수준을 활용한 방법론

경영자의 자기과신 측정치를 재무제표상의 투자활동 및 재무활동의 수준으로 하는 방법론이다. 자기과신적 성향의 경영자는 예측에 대해 확신을 하며 이는 과잉투자, 배당률, 부채성향 등에 반영된다고 한다. 즉 경영자의 자기과신성향이 재무제표에 영향을 미치게 된다(Ben-David et al., 2010; 차명기 등, 2016).

경영자의 자기과신성향은 의사결정에 영향을 미쳐 기업 재무제표의 회계 측정치에 반영될 것이고 외부 이용자에게 그 정보가 전달된다. 재무제표의 회계 측정치에 영향을 준다는 근거는 다음과 같다. ① 다른 CEO에 비해 자사주를 더 많이 매입하는 경영자는 자기과신적이고, ② 자본적 지출이 동종기업의 평균보다 많은 기업의 경영자는 자기과신적이며, ③ 과대투자기업(매출성장률보다 자산증가율이 더 큰 기업)의 경영자는 자기과신적 행위라고 할 수 있다(Campbell et al., 2011; Schrand and Zechman, 2011).[8)]

따라서 자기과신성향의 측정치를 다음과 같이 추정할 수 있다.

첫째, 투자활동의 현금흐름순액((유입액−유출액)×(−1)÷기초총자산)이 전체 기업 중 상위 30% 이상인 경우를 자기과신적 기업으로 추정한다(더미변수로 측정). 여기서 투자활동 현금흐름은 미래 수익과 미래 현금흐름을 창출할 자원의 확보를 위하여 지출된 정도를 나타낸다. 투자활동과 관련된 현금흐름은 ① 유형자산, 무형자산, 기타 장기성 자산의 취득 및 처분, ② 다른 기업의 지분상품이나 채무상품 및 조인트벤처 투자지분의 취득 및 처분, ③ 현금성이 아닌

8) 이 근거 외에도 상기에서 논의한 Malmendier and Tate(2005)에 따른 경영자의 주식매입선택권의 행사와 관련하여 미실행된 옵션의 평균 내재가치가 동일 기간의 옵션내재가치의 2배(67%)를 초과한 주식매입선택권을 보유한 경영자는 자기과신적 성향 측정치도 있다.

기타 투자자산(금융상품 등)의 취득과 처분활동 등으로 발생하게 된다. 한편, Campbell et al.(2011)은 Malmendier and Tate(2005)는 최고경영자의 낙관주의(자기과신)가 투자결정과 관련된다는 것을 기반으로 기업투자성향이 최고경영자의 자기과신에 대한 정보를 가지고 있다고 주장하며, 투자율(=현금흐름표상 투자활동 유형자산 취득관련 유출액÷기초유형자산)을 5분위로 구분하여 상위 1분위를 높은 자기과신, 하위 1분위를 낮은 자기과신 경영자성향으로 구분하였다.

둘째, 배당률이 0인 기업의 경우를 자기과신적 기업으로 추정한다. Schrand and Zechman(2011)은 배당률이 0인 경우를 경영자의 자기과신성향의 측정치로 사용하였다. 이는 페킹오더이론(pecking order theory)[9]에 따라 기업이 투자활동 자금조달 시 조달비용이 낮은 순서인 ① 내부유보금, ② 타인자본, ③ 납입자본으로 사용한다는 것이다. 또한 주주의 몫인 유보금을 먼저 사용하는 경영자는 외부조달(타인자본, 납입자본)의 경우처럼 직접적인 동의절차가 필요 없고, 이자비용과 같은 명시적인 비용부담이 없기 때문에 가장 손쉬운 방법이다.

셋째, 성장률(총자산성장률－매출성장률)이 산업별 성장률 중위수보다 큰 경우와 넷째, 부채비율(총부채÷자본)의 증가율이 산업별 부채비율의 증가율의 평균보다 큰 경우를 경영자의 자기과신성향이 있는 기업으로 추정하였다.

한편, Schrand and Zechman(2011)은 투자와 재무활동 수준에 따른 자기과신 측정치 5개 중 2 이상 또는 3 이상 충족 시 자기과신 경영자로 구분하였다. ① 매출성장률보다 총자산성장률이 큰 경우, ② 기업 인수합병 시 기업평균보다 과다하게 현금흐름지출이 많은 경우, ③ 경영자는 투자안 선정 시 서열을 두는데 자기과신적 경영자는 낙관적인 성향으로 수익률을 과대평가하게 되고 따라서 과대투자함으로써 부채비율이 산업평균보다 높을 수 있으므로 부채비율(총부채÷자본)이 산업평균 부채비율보다 과도한 경우, ④ 자기과신적인 경영자는 더 위험한 부채와 장기부채를 선호하므로 전환사채나 우선주발행이 있는 경우, ⑤

9) 자본조달우선순위이론으로서 자본조달비용을 최소화하기 위한 자본조달의 순서는 서두에 언급한 대로 내부유보금, 타인자본, 납입자본의 순이다.

자기과신적 경영자는 잉여금에 대해 배당보다는 투자하는 것을 선호할 것이므로 배당률이 0인 기업의 경우를 자기과신적 경영자로 구분한다.[10)]

또한 Ahmed and Duellman(2013)의 연구와 같이, 산업평균에 비해 자본적 지출이 많은 경우 과신성향이 높은 것으로 측정할 수 있다. 전기총자산으로 나눈 자본적 지출액이 산업평균 자본적 지출액보다 높은지 여부를 나타내는 더미변수(dummy1)로 경영자의 과신성향을 측정한다. 여기서 자본적 지출액은 김성환(2018)과 같이 현금흐름표상의 투자활동으로 인한 현금유출액 중 토지의 증가, 임목의 증가, 건설 중인 자산의 증가, 건물 및 부속설비의 증가, 구축물의 증가, 기계장치의 증가, 중장비의 증가, 제설비의 증가, 미착자산의 증가, 차량운반구의 증가, 리스자산의 증가, 리스개량자산의 증가, 선박의 증가, 항공기의 증가, 공구 및 기구와 비품의 증가, 임대자산의 증가, 임차개량자산의 증가, 설비자산의 증가, 기타 유형자산의 증가 등을 합산하여 산출된다.

그리고 Schrand and Zechman(2011)의 연구에 따라 수익에 비해 자산에 대한 과대투자가 이루어진 경우 과신성향이 높은 것으로 측정한다. 구체적으로 자산증가율을 종속변수로, 매출액증가율을 독립변수로 설정하여 연도-산업별로 회귀한 잔차를 추출한다. 잔차가 양(+)의 값을 갖는 경우 경영자의 과신성향이 높은 경우로, 잔차가 음(−)의 값을 갖는 경우 과신성향이 낮은 경우로 설정하는 더미변수(dummy2)를 생성한다.

식 (2−19)와 모형을 연도-산업별로 회귀하고 추출된 잔차(u)가 양의 값을 가지면 Dummy2가 1의 값을 가지고, 잔차가 음의 값을 가지면 Dummy2가 0의 값을 가지게 된다.

---

10) 간단하게 Schrand and Zechman(2012)에 의한 재무활동에 근거한 변수들의 합계로 자기과신성향을 측정하기도 한다(이다혜 · 변상혁, 2020). 총자산성장률을 종속변수로 하고 매출액성장률을 설명변수로 한 회귀분석을 통하여 도출된 잔차가 산업연도별 중위수보다 크면 1, 그렇지 않으면 0; 기업의 시장가치로 나눈 비유동부채가 산업연도별 중위수보다 크면 1, 그렇지 않으면 0; 전환사채나 우선주(convertible debt or preferred stock)와 같은 위험성 부채(risky debt)가 있다면 1, 그렇지 않으면 0; 배당비율이 0이면 1의 값, 그렇지 않으면 0의 값을 갖는다.

$$\Delta ASSET_{it} = \beta_0 + \beta_1 \Delta GRW_{it} + u_{it} \qquad (2-19)$$

여기서,
$\Delta ASSET$: 자산증가율((당기총자산－전기총자산)/전기총자산)
ΔGRW: 매출액증가율((당기매출액－전기매출액)/전기매출액)

6.2 최근 관련 연구

이다혜와 변상혁(2020)은 감사인이 경영자의 특성을 인지하고 감사계획 수립 시 이를 이용하는지와 경영자의 특성으로 인해 의사소통과정에서 발생하는 마찰 등으로 인해 감사지연이 발생하는지를 검증하였다. 경영자의 과신성향이 커질수록 감사시차가 증가하는 것으로 나타났는데, 이러한 경향은 경영자가 과대이익 보고를 하였을 경우와 감사인이 대형회계법인에 속하였을 경우에 두드러졌다는 결과를 보고하고 있다. 이는 감사인이 감사계획 수립 시 과신성향 경영자가 주장한 바에 대하여 합리적 확신을 갖기까지 좀 더 많은 시간이 소요되고 있다는 것을 의미하며, 또한 감사인이 제시한 수정권고에 의해 보고이익을 당초 이익수치보다 줄이게 되는 경우와 소송 및 평판 위험에 크게 노출되어 있는 감사인의 경우에 감사노력을 더 들이고 있다고 해석하고 있다.

김성환(2018)은 경영자의 과신성향이 재무분석가 이익예측정확성에 미치는 영향을 분석한 결과, 경영자 과신성향과 재무분석가의 이익예측정확성은 양(+)의 관계를 보인다는 연구결과를 보고하고 있다. 이는 과신성향이 높은 경영자에 대해 재무분석가는 부정적 성과의 예측위험을 감지하고 정보 탐색과 면밀한 분석을 통해 보다 신중하게 이익을 예측하면서 정확성을 높인다는 것으로 해석하고 있다. 그리고 추가분석을 통해 경영자 과신성향이 재무분석가의 낙관적 이익예측편의와 음(－)의 관계를 가지는 것으로 분석되었는데, 이는 과신성향이 높은 경영자에 대해서 재무분석가가 신중히 보수적으로 예측하면서 시장 전반적으로 나타나는 낙관적 이익예측편의가 해당 기업에 대해서는 축소되고 예측의 정확성이 제고된다는 주장을 하고 있다.

6.3 참고문헌

이다혜, 변상혁. 2020. 경영자의 자기과신성향이 감사지연에 미치는 영향. 회계와 정책연구, 25(2), 27-55.

차명기, 김수성, 황국재. 2016. 경영자의 자기과신 성향과 조세회피. 회계정보연구, 34(4): 441-485.

황규영, 김응길. 2018. 경영자의 자기과신 성향과 배당성향의 관계: 재벌기업을 중심으로. 금융정보연구, 7(1): 61-90.

Ahmed, A., and S. Duellman. 2013. Managerial overconfidence and accounting conservatism. *Journal of Accounting Research*, 51(1) : 1-20.

Ben-David, I., J. R. Graham and C. R. Harvey. 2010. Managerial Miscalibration. *Working Paper*. Duke University.

Campbell, T. C., M. Gallmeyer, S. A. Johnson, J. Rutherford and B. W. Stanley. 2011. CEO Optimism and Forced Turnover. *Journal of Financial Economics*, 101: 695-712.

Hall, B. J. and K. Murphy, 2002, Stock Options for Undiversified Executives. *Journal of Accounting and Economics*, 33(1): 3-42.

Kahneman, D. 2011, *Thinking, Fast and Slow*. Farrar, Straus and Giroux.

Malmendier, U., and G. Tate. 2005. CEO overconfidence and corporate investment. *Journal of Finance*, 60: 2661-2700.

Schrand, C. M., and S. L. Zechman. 2011. Executive Overconfidence and the Slippery Slope to Financial Misreporting. *Journal of Accounting and Economics*, 53: 311-329.

7 경영전략

7.1 개념과 모형

Bentley et al.(2013)이 제시한 전략지수는 기업의 전략과 관련하여 여섯 가지 기업특성 변수를 점수화하여 전략지수의 범위에 따라 전략유형을 선도형, 분석형 및 방어형으로 분류한다는 특징을 가진다. 선도형(prospector)은 장기적으로 시장환경의 변화를 미리 예측하고 변화의 방향에 맞게 연구개발투자 및 혁신적인 신제품 개발을 통하여 시장의 변화를 선도해 가는 유형이다. 방어형(defender)은 다소 단기적이고 안정적인 의사결정을 수행하므로 규모의 경제나 원가우위전략을 통하여 이익을 확대하는 경향을 가진다(Miles and Snow 2003). 그리고 분석형(analyzer)은 선도형과 방어형 사이로 정의된다.

경영전략의 유형(strategy type)은 Bentley et al.(2013)에 따라 측정한다. 우선, 연구개발투자(연구개발비/매출액), 효율성(직원 수/매출액), 성장성(매출액증가율), 마케팅(판매비와일반관리비/매출액), 조직안정성(직원 수 변동의 표준편차), 자본집약도((유형자산-토지-건설가계정)/총자산))의 여섯 가지 기업특성 변수에 대하여 매 기업-연도별로 과거 5개년 동안의 평균값을 계산한다. 그런 다음 매 기업-연도가 포함되는 산업과 연도에 대해 여섯 가지 측정치를 서열화한 뒤 5단계(quintile)로 분류하여 가장 높은 값에 5점을, 가장 낮은 값에 1점을 부여한다. 이때 자본집약도의 경우에는 측정값이 높으면 방어형 특성을 가지므로 다른 다섯 가지 측정요소와는 반대로 점수를 부여한다(Miles and Snow, 2003). 각 기업-연도별로 여섯 가지 측정치에 대하여 1점에서 5점을 부여하여 합산하게 되면 최소 6점에서 최대 30점까지의 종합점수가 산출되는데 이를 경영전략지수로 정의한다.

일반적으로 이러한 방법에 따라 전략유형을 측정하며 전략지수가 22~30점에 해당하면 선도형 전략으로 구분하여, 6~14점에 해당하면 방어형 전략으로 구분하고, 그 외 15~21점은 분석형 전략으로 구분된다.

경영전략은 Miles and Snow(2003)를 토대로 국내 연구에서 적용한 최규담 등(2016)과 유현수 등(2016)의 측정방법이 있다. 여섯 가지 측정치를 계산한 뒤, 연도별 산업별로 5개 그룹으로 구분하여 가장 낮은 측정치는 1점, 가장 높은 측정치는 5점이 부여된다. 특히 이 중 여섯 번째 측정치인 유형자산 설비수준의 경우 가장 낮은 측정치에 5의 점수를 부여하고 가장 높은 측정치에 1의 점수를 부여함으로써 형평성을 맞추었다.

6의 측정치마다 점수를 다 합산하여 6점에서 13점까지 방어형, 14점에서 23점까지 분석형, 마지막으로 24점부터 30점까지 선도형으로 구분하였다. 분석형의 경우 선도형과 방어형의 사이에 있으며 이들 두 전략의 주요 특징이 포함된 전략으로 볼 수 있다(Miles and Snow, 2003).

① 연구개발 측정치=연구개발비/매출액의 t−4기부터 t기까지 매년 비율 평균
② 효율성 측정치=직원 수/매출액의 t−4기부터 t기까지 매년 비율 평균
③ 성장률 측정치=매출액증가율 또는 순자산 시장가치/순자산 장부가치 t−4기부터 t기까지 매년 비율 평균
④ 마케팅 투자 측정치=판매비와관리비/매출액의 t−4기부터 t기까지 매년 비율 평균
⑤ 조직분권화 정도=t−4기부터 t기까지 직원 수 변동(표준편차)
⑥ 자본집약도 정도=(유형자산−토지−건설중인자산)/총자산의 t−4기부터 t기까지 매년 비율 평균

7.2 최근 관련 연구

송보미 등(2019)은 감사위원회의 전문성 중 회계전문성, 금융전문성, 그리고 감독전문성을 개별적으로 또는 다른 전문성과 함께 동시에 보유하고 있는지 여부에 따라 선도형 전략을 채택한 기업들의 이익조정을 하는 성향이 억제될 수 있는지를 분석하였다. 분석결과, 회계전문성을 갖춘 감사위원이 존재하지 않고 금융전문성이나 감독전문성을 가진 감사위원만 존재하는 기업의 경우 선도형 경영전략을 택한 기업은 과다한 이익조정을 수행하는 것으로 나타났다. 선도형 경영전략을 선택한 기업들로만 표본을 제한하여 분석한 결과, 회계전문성을 가진 감사위원은 없지만 금융전문성만 보유한 감사위원이 존재하는 경우 또는 회계전문성을 가진 감사위원은 없지만 금융전문성과 감독전문성을 보유한 감사위원이 모두 존재하는 경우 모두 이익조정 수준이 증가하였다는 연구결과를 제시하고 있다.

최규담 등(2015)은 방어형(defender)보다 선도형(prospector)에 가까울수록 조세회피 수준이 더 높을 것이며 조세회피 측정치의 변동성도 더 클 것으로 예상하였고, 또한 조세혜택이 많은 중소기업 해당 여부가 경영전략과 조세회피 수준 사이의 관계에 영향을 미칠 것이라고 예상하였다. 이를 검증한 결과, 유효법인세율, 현금유효법인세율, BTD 및 재량적 BTD 모두 1% 내지 10%의 수준에서 경영전략지수가 높아지는 경우 조세회피 수준이 높아지는 것으로 나타나 예측과 일치하였다. 그리고 유효법인세율과 현금유효법인세율의 변동성은 경영전략지수와 유의한 양(+)의 관계가 나타났다. 또한 중소기업일 경우 경영전략이 조세회피 수준에 미치는 영향이 감소하여 기업의 조세관련 특성에 따라 경영전략이 조세회피에 미치는 영향도 달라질 수 있다는 연구결과를 제시하고 있다.

7.3 참고문헌

송보미, 안혜진, 최규담, 유현수. 2019. 이익조정, 경영전략 그리고 감사위원회의 전문성. 국제회계연구, 88: 201-229.

유현수, 김새로나, 최규담. 2016. 기업의 경영전략에 따른 보수적 회계처리의 차이에 관한 실증연구. 회계학연구, 41(4): 113-164.

최규담, 김갑순, 유현수. 2015. 경영전략과 조세회피. 회계학연구, 40(5): 271-326.

최규담, 김갑순, 유현수. 2016. 경영전략과 발생액의 질. 회계저널, 25(3): 261-305.

Miles, R. E., C. C. Snow. 2003. *Organizational Strategy, Structure, and Process.* Stanford, CA: Standford University Press.

8 이익의 질

8.1 개념과 모형

이익의 질(earnings quality)은 경영실체가 보고하는 재무보고이익의 품질을 의미한다. 재무보고이익에 경영자의 재량적인 요인이 많이 포함되어 있을수록 이익의 질이 낮아지는 반면에, 이 재무보고이익이 현금기준의 이익에 가까울수록 그 이익의 질이 높다는 것을 전제로 하고 있다. 이러한 이익의 질을 발생액의 질(quality of accruals)이라고도 한다.

이러한 이익의 질을 측정한 Dechow and Dichev(2002)는 발생액이 과거, 현재, 그리고 미래의 현금흐름으로 잘 전환될 경우 발생액의 질이 높은 것으로 보았다. 이에 과거, 현재 및 미래의 영업현금흐름에 대한 운전자본의 변화를 통해 발생액의 질을 측정하였다. 구체적으로 운전자본발생액을 종속변수, 과거, 현재 및 미래의 영업현금흐름을 관심변수로 모형을 설정하여 회귀분석한 뒤 측정된 잔차의 표준편차로 추정했으며, 표준편차가 낮을수록 발생액의 질이 높은 것으로 해석하였다.

Francis et al.(2005)은 매출액 및 매출채권 증감과 감가상각자산인 유형자산의 비재량적 요인에 따라 발생액을 유발하는 변수를 Dechow and Dichev(2002)의 모형에 추가한 식 (2-20)에 따라 회귀분석을 한다(신영효 · 오광욱, 2018). 측정된 당기 잔차값을 포함한 5개 연도의 변동성(표준편차)을 개별 기업의 발생액의 질로 정의하였다. 즉 5개 연도 잔차의 표준편차는 영업현금흐름과 비재량적 요인이 설명하지 못하는 비정상 발생액(abnormal total accruals)의 변동성을 의미한다. 또한 이 변동성(표준편차)이 클수록 정보위험이 높아지므로 발생액의 질이 낮은 것으로 해석할 수 있다(Francis et al., 2005; Chen et al., 2011).[11)]

11) 일반적으로 식 (2-20)의 비정상 발생액의 변동성을 이익의 질에 대한 측정치로 사용하고 있다(신영효 · 오광욱, 2018; 이수로, 2020).

$$TCA_{it} = \delta_1 + \delta_2 CFO_{it-1} + \delta_3 CFO_{it} + \delta_4 CFO_{it+1} + \delta_5 \Delta REV_{it} + \delta_6 PPE_{it} + \varepsilon_{it} \quad (2-20)$$

여기서,

TCA : t기의 영업활동관련 유동발생액(유동자산 변화－유동부채 변화－현금 및 현금등가물 변화＋유동성 장기부채 변화)÷평균 총자산

CFO : t－1, t기 및 t＋1기의 현금흐름표상 영업활동으로부터의 현금흐름÷평균 총자산

ΔREV : t기 (매출액 변화－매출채권 변화)÷평균 총자산

PPE : t기 감가상각자산인 유형자산의 총계÷평균 총자산

Francis et al.(2005)은 발생액의 질로 나타나는 정보위험의 원천을 다시 본원적 경영활동에 의한 부분과 경영자의 재량적 선택에 따른 부분으로 구분하였다.[12] 식 (2－20)에서 측정한 비정상적 발생액(ATA)의 질 가운데 본원적 발생액의 질에 영향을 미치는 기업규모, 영업현금흐름 변동성, 매출 변동성, 영업순환주기 및 손실보고 빈도 등의 결정요인을 반영한 식 (2－21)을 통해 예측값을 추정하여 본원적 발생액의 질(innate accruals quality)을 측정한다.

$$ATA_{it} = \lambda_1 + \lambda_2 SIZE_{it} + \lambda_3 std(CFO)_{it} + \lambda_4 std(SALES)_{it} + \lambda_5 Ocycle_{it} + \lambda_6 LOSS_{it} + \varepsilon_{it} \quad (2-21)$$

여기서,

ATA : t기의 비정상적 재량적 발생액으로서 식 (2－20)에서 측정한 측정치

SIZE : t기의 총자산의 자연로그 값

std(CFO) : 10년 동안 5개 연도 이상 영업현금흐름을 보고한 기업의 영업현금흐름 표준편차

std(SALES) : 10년 동안 5개 연도 이상 매출액을 보고한 기업의 매출액 표준편차

Ocycle : t기의 '360일/(매출액/평균 매출채권)＋360일/(매출원가/평균 재고자산)'의 자연로그 값

LOSS : t기의 10년 동안 5개 연도 이상 당기 순이익을 보고한 기업 중 당기순손실을 보고한 빈도수

12) Francis et al.(2005)은 발생액의 질로 발생한 정보위험의 원천을 ① 기업의 규모, 영업활동과 경제적 환경에 대응한 경영활동으로부터 발생한 부분, ② 경영자의 재량적인 의사결정으로 조정되는 부분으로 구분하였다. 또한 본원적 경영활동에서 발생한 발생액은 기업의 고유 영업위험으로 해석할 수 있다(신영효 · 오광욱, 2018).

ε : 본원적 발생액의 질(IAQ, innate accruals quality)

마지막 단계로서 재량적 발생액의 질(DAQ, discretionary accruals quality)은 전체 발생액의 질에서 본원적 발생액의 질이 설명하지 못하는 부분을 의미하므로 전체 비정상 발생액의 질에서 본원적 발생액의 질을 차감하여 측정하였다.

$$DAQ_{it} = ATA_{it} - IAQ_{it} \tag{2-22}$$

여기서,
DAQ : 재량적 발생액의 질
ATA : 비정상 발생액의 질
IAQ : 본원적 발생액의 질

8.2 최근 관련 연구

신영효와 오광욱(2018)은 발생액의 질은 본원적 요인에 의한 발생액과 경영자의 재량적 요인에 의한 발생액의 질로 구분하여 최저한세를 납부한 기업과 발생액의 질 간의 관련성을 분석하였다. 분석결과, 최저한세를 납부한 기업은 감면 후 세액 납부 기업에 비해 Francis et al.(2005)의 방법론에 따라 측정한 속성별 발생액의 질이 모두 낮은 것으로 나타났다고 보고하였다. 또한 기업규모에 따라 대기업과 중소기업으로 구분하여 분석한 결과, 대기업은 전체 및 본원적 발생액의 질만 낮아진 것으로 나타난 반면, 중소기업은 속성별 발생액의 질이 모두 낮은 것으로 나타났다. 이는 중소기업이 대기업에 비해 경영자의 재량적 요인에 따라 보고이익을 보다 적극적으로 조정한 결과로 해석하고 있다. 이 연구는 대기업과 중소기업의 특징에 따라서도 차이가 발생할 수 있다는 점을 속성별 발생액의 질을 통해 검증한 의의가 있다.

이수로(2020)는 보수주의와 발생액의 질 간의 관계를 분석하여 보수적 회계처리를 수행하는 기업과 발생액의 질이 높은 기업에서 정보비대칭이 감소하는

지를 검증하였다. 분석결과, 보수주의의 정도가 강한 기업일수록 발생액의 질이 높아진다는 결과를 제시하였다. 이러한 결과는 보수주의적 회계처리를 통한 보고이익은 정보비대칭을 완화시켜 발생액의 질을 높인다는 결과를 보고하고 있다. 또한 보수주의와 발생액의 질 간 양(+)의 관련성은 외국인주주지분율이 높은 기업일수록 더욱 강화되는 것으로 연구결과를 제시하고 있다.

8.3 참고문헌

신영효, 오광욱. 2018. 최저한세 납부 기업의 회계정보의 질적특성 — 본원적발생액과 재량적발생액과의 관련성을 중심으로, 조세연구, 18(3): 77-104.

이수로. 2020. 보수주의 회계이익과 발생액의 질. 국제회계연구, 90: 135-159.

Dechow, P. and I. D. Dichev, I. 2002. The Quality of Accruals and Earnings: The Role of Accrual Estimation Errors. *The Accounting Review*, 77 (Supplement): 35-59.

Francis, J., LaFond, R., Olsson, P., and K. Schipper. 2005. The Market Pricing of Accruals Quality. *Journal of Accounting and Economics*, 39: 295-327.

9 보수주의

9.1 개념과 모형

9.1.1 Basu(1997)의 회계이익모형

Basu(1997)는 보수주의(conservatism)를 악재(bad news)에 의한 손실을 호재(good news)에 의한 이득보다 빠르게 인식하는 비대칭적 적시성의 형태라고 정의하였으며, Watts(2003)는 이익과 비용을 실현시점에 인식하도록 함으로써 더 엄격한 검증력을 요구하는 법칙이라고 정의하였다. 따라서 회계이익을 보수적으로 처리한 경우가 그렇지 않은 경우에 비해 회계이익의 질이 높은 것으로 판단하여 이익의 질의 대용치로서 이익지속성(persistence)을 사용하기도 한다.

Basu(1997)는 전년도 회계이익의 차이(ΔNI_{it-1})와 당해 연도 회계이익의 차이(ΔNI_{it})가 음(−)의 관련성을 나타낸다면, 이 관련성은 회계이익의 보수주의 성향에 기인하는 것으로 정의하였다. 특히 전년도 회계이익의 차이(ΔNI_{it-1})가 음(−)의 값을 갖는다면, 보수주의에 의해 회계처리되었을 가능성이 높아 당해 연도의 회계이익 차이(ΔNI_{it})는 양(+)의 회귀계수를 보일 가능성이 높은 것이다. 따라서 이러한 가정이 타당하다면 식 (2−23)의 β_3은 유의한 음(−)의 값을 보이며 그 절댓값이 커질수록 회계이익의 보수성은 더 강화되었다는 의미로 해석될 수 있다.

$$\Delta NI_{it} = \beta_0 + \beta_1 Dummy_{it} + \beta_2 \Delta NI_{it-1} + \beta_3 Dummy_{it} \times \Delta NI_{it-1} + \varepsilon_{it} \tag{2-23}$$

여기서,

ΔNI_{it} : t기의 당기순이익 변동(당기순이익 − 전기순이익) ÷ 전기 총자산

$Dummy_{it}$: t기의 ΔNI_{it-1}가 음수이면 1이고, 그렇지 않으면 0인 더미변수

ε_{it} : 잔차항

9.1.2 Basu(1997)의 주가수익률 모형

회계이익의 보수주의는 손실은 즉시 인식하고 수익은 실현될 때까지 인식하지 않기 때문에 이해관계자들의 의사결정도 보수적으로 이루어지도록 한다. 결국 자본시장에서는 악재는 호재보다 더 적시에 회계이익에 반영될 것이라는 점을 전제하고 있다. Basu(1997)는 회계이익의 보수성을 측정하기 위해 주가수익률도 이용하였다. 즉 시장의 악재로 인한 음(−)의 주가수익률이 호재로 인한 양(+)의 주가수익률보다 회계이익에 더 빨리 반영되는 보수성이 존재한다. 따라서 이러한 논리에 기초하여 식 (2−24)에서 β_3는 유의한 양(+)의 값을 보여야 하며 그 절댓값이 커질수록 회계이익의 보수성 정도는 상대적으로 강화되었다는 의미로 해석될 수 있다.[13)]

여기서 β_1은 호재에 의한 경제적 이익의 적시성이고 $\beta_1 + \beta_3$은 악재에 의한 경제적 손실의 적시성을 나타내며, β_3은 호재에 비해 악재에 의한 경제적 손실의 증분적 적시성을 의미한다(김명인 등, 2013). 따라서 기업이 보수주의적 성향이 높다면 악재에 의한 경제적 손실의 적시성이 상대적으로 크게 되며 결국 β_3은 양(+)의 계수를 나타내게 된다.

$$XP_t = \beta_0 + \beta_1 RET_t + \beta_2 DRET_t + \beta_3 RET_t \times DRET_t + \varepsilon_t \qquad (2-24)$$

여기서,

XP_t : 당기순이익÷기초주가

RET_t : t기 4월부터 t+1기 3월까지의 주가수익률

$DRET_t$: RET_t가 음수이면 1이고, 그렇지 않으면 0인 더미변수

ε_t : 잔차항

13) β_1의 계수는 호재와 관련한 이익의 적시성을 나타내고, $(\beta_1 + \beta_3)$는 악재와 관련한 이익의 적시성을 나타낸다. 회계귀수에서 적시성을 측정하는 방법은 이 악재의 적시성을 나타내는 $(\beta_1 + \beta_3)$의 값이 호재의 적시성을 나타내는 β_1의 값보다 커야 한다. 비대칭적 손익인식의 적시성 계수 β_3은 보수주의의 정도를 나타내므로 β_1의 값이 양수여야 하므로 $\beta_1 < (\beta_1 + \beta_3)$이 되기 위해서는 β_3가 양수값 즉, 양(+)의 부호를 가져야 한다.

9.1.3 Feltham and Ohlson(1995) 및 Zhang(2000)의 측정치

Feltham and Ohlson(1995) 및 Zhang(2000)은 장부가치와 시장가치의 차이 정도로 보수주의를 측정하였다. 이는 기본적으로 주가수준이 순자산에 비하여 높게 나타난다면 순이익과 순자산이 보수적으로 회계처리되었다는 것으로 가정한 것이다.

보수주의 회계처리는 미래에 대한 불확실성을 내포하고 있기 때문에 기업에서 발생하는 거래를 회계처리하는 과정에서 가능한 한 자산과 수익을 과소계상하면서 부채와 비용을 과대계상하는 비대칭적인 회계처리를 하는 유인이 존재한다.

그러나 이러한 보수적인 회계처리를 해야 하는 이유는 주주와 대리인 간 정보의 비대칭 수준이 클 경우, 그 정보의 비대칭으로 인한 위험을 보수적인 회계처리가 완화시켜 주는 중요한 기능을 하기 때문이다. 따라서 기업에 대한 정보가 부족한 이해관계자의 입장에서 위험을 최소화하기 위하여 보수적으로 회계처리된 회계정보를 상대적으로 선호하는 경향이 있다.

한편, Feltham and Ohlson(1995) 및 Zhang(2000)은 주가와 순자산의 크기를 비교하여 보수주의를 정의하고 있다. 이들은 주가수준이 순자산에 비하여 높은 것은 순이익과 순자산의 보수적 회계처리에 기인한 것으로 해석하였는데, 식(2-25)에서 Cons의 크기가 클수록 보수주의성향이 높은 것으로 해석될 수 있다.

$$Cons = 1 - (BV/MV) \qquad (2\text{-}25)$$

여기서,

$Cons$: t년도 보수주의 측정치

BV: t년말 순자산

MV: t년말 시장가치

9.1.4 Givoly and Hayn(2000)의 비영업발생액 측정치

Givoly and Hayn(2000)은 회계이익의 보수주의로 인하여 비영업발생액의 반전(reversion)이 발생한다고 가정하여 주요 관심변수와 비영업발생액 간의 관련성을 통해 보수주의 수준 분석을 시도하였다. 식 (2-26)에 따라 계산된 비영업발생액(NOA)이 작으면 이는 회계의 보수성이 높다는 의미이다.[14)]

$$NOA = (TA - OA)/A \qquad (2\text{-}26)$$

여기서,
NOA : 비영업발생액
TA : 총발생액(=감가상각비 차감전 총발생액=당기순이익+감가상각비-영업현금흐름)
OA : 영업발생액(=(Δ매출채권+Δ재고자산+Δ선급비용)-(Δ매입채무+Δ미지급법인세)
A : 기초총자산

따라서 식 (2-26)에서 주요 관심변수가 포함되었을 때 그 변수의 회귀계수(β_1)가 유의한 음(-)의 값을 갖는다면 회계이익의 보수주의 수준이 높다는 의미로 해석될 수 있다.

$$NOA_t = \beta_0 + \beta_1 Interest\_Variable_t + \beta_2 NOA_{t-1} + Controls_t + \varepsilon_t \qquad (2\text{-}27)$$

여기서,
NOA : t기의 비영업발생액[당기순이익+감가상각비-영업현금흐름-(Δ매출채권+Δ재고자산+Δ선급비용)-(Δ매입채무+Δ미지급법인세)]÷기초총자산
$Interest\_Variable$: t기의 주요 관심변수
$Controls$: 통제변수
ε : 잔차항

14) 발생액이 순이익에서 영업현금흐름을 차감한 금액으로 정의되는데 여기서 발생액이 작을수록 당기순이익에 미치는 보수주의 효과가 커지기 때문에 실제 분석하는 과정에서 회귀계수의 부호가 다른 보수주의 측정치와 반대로 된다. 따라서 식 (2-25)의 식에 음(-)을 곱하면 결과해석이 용이하다.

9.1.5 Ball and Shivakimar(2006)의 발생액 모형

기업영업이 현금거래로만 이루어진다면 당기순이익에 상응하는 만큼 현금으로 구성되며, 회계이익 중 미래 영업현금흐름을 나타내는 부분은 발생액(accruals)으로 측정된다. 따라서 발생액은 일반적으로 영업현금흐름과 음(−)의 관련성을 가지며 기업이 보수적으로 회계처리를 한다면 이러한 관련성은 더욱 약화된다. 이에 기초하여 Ball and Shivakumar(2006)는 총발생액과 영업현금흐름 간의 관련성이 악재에 의해 어떻게 달라지는지를 통해 회계이익의 보수성을 측정하였다. 악재에 대해 회계이익의 보수성이 강해진다면 총발생액과 영업현금흐름 간의 관련성은 양(+)의 부호를 나타내는데, 식 (2−28)에서 β_3이 유의한 양(+)의 값을 갖는다면 회계이익의 보수성이 존재한다는 의미로 해석될 수 있다.

$$TA_{it} = \beta_0 + \beta_1 OCF_{it} + \beta_2 DOCF_{it} + \beta_3 OCF_{it} \times DOCF_{it} + Controls_{it} + \varepsilon_{it} \quad (2-28)$$

여기서,
TA: t기의 총발생액[(당기순이익 − 영업현금흐름) ÷ 기초총자산]
$DOCF$: t기의 OCF_t가 음수이면 1, 그렇지 않으면 0인 더미변수
$Controls$: 통제변수
ε : 잔차항

9.1.6 Khan and Watts(2009)의 C-Score

Khan and Watts(2009)는 Basu(1997)의 주가수익률모형에서 각각 호재와 악재에 대한 반응계수인 β_1과 β_3이 기업규모(Size), 장부가치 대비 시장가치(M/B) 및 부채비율(Lev)과 관련된다는 점을 착안하여 기업−연도별 보수주의 측정지표인 C−Score를 측정하였다.[15)]

---

15) $XP_t = \beta_0 + \beta_1 RET_t + \beta_2 DRET_t + \beta_3 RET_t \times DRET_t + \varepsilon_t$의 식 (2−24)에서 β_1과 β_3이 호재와 악재에 의한 반응계수이며 각각 경제적 이익의 적시성(β_1), 경제적 손실의 적시성($\beta_1 + \beta_3$)이라 한다.

Basu(1997)의 주가수익률모형에서 Khan and Watts(2009)는 경제적 이익의 적시성 지표(β_1)를 G-Score로, 경제적 손실의 적시성 지표($\beta_1+\beta_3$)를 G-Score+C-Score로 나타냈는데, 여기서, C-Score(β_3)가 클수록 기업이 경제적 이익에 비해 경제적 손실을 보다 빨리 회계이익에 반영하는 보수적인 회계처리를 한다는 의미로 해석할 수 있다(김명인 등, 2013). Basu(1997)의 연구결과에 기초하여 식 (2-29)와 식 (2-30)을 설계하였다.

$$\text{G-Score}: \beta_1 = \mu_1 + \mu_2 SIZE_i + \mu_3 M/B_i + \mu_4 LEV_i \tag{2-29}$$

$$\text{C-Score}: \beta_3 = \lambda_1 + \lambda_2 SIZE_i + \lambda_3 M/B_i + \lambda_4 LEV_i \tag{2-30}$$

여기서,
SIZE: t기의 총자산의 자연로그 값
M/B: t기의 시가총액÷총자본
LEV: t기의 총부채(=단기차입금+유동성장기부채+사채+장기차입금)÷총자산

C-Score와 G-Score를 추정하기 위해 식 (2-29)와 식 (2-30)을 Basu(1997)의 주가수익률모형에 대입 적용하여 정리하면 식 (2-31)이 된다.[16] 식 (2-31)을 연도별로 회귀분석하여 계수를 추출한 후, 식 (2-29)와 식 (2-30)에 대입하여 최종적으로 기업-연도별 G-Score와 C-Score를 산출한다. C-Score는 보수주의 측정치로 C-Score 값(β_3)이 클수록 기업의 회계처리에 있어 보수적 성향이 강하다는 것을 의미한다. 여기서 $\delta_1 \sim \delta_6$의 변수들은 Khan and Watts(2009)는 기업별 투자기회의 특성들 간의 상호작용 항이 포함되어 있기 때문에 이를 통제하기 위하여 추가하였다.

16) 식 (2-31)을 보다 세부적으로 모형을 구성하면 다음과 같다.

$$\begin{aligned} XP_i = {} & \beta_0 + \beta_{11}RET_i \times SIZE_i + \beta_{12}RET_i \times M/B_i + \beta_{13}RET_i \times LEV_i + \beta_2 DRET_i \\ & + \beta_{31}RET_i \times DRET_i \times SIZE_i + \beta_{32}RET_i \times DRET_i \times M/B_i \\ & + \beta_{33}RET_i \times DRET_i \times LEV_i + \beta_4 SIZE_i + \beta_5 M/B_i + \beta_6 LEV_i \\ & + \beta_7 DRET_i \times SIZE_i + \beta_8 RET_i \times M/B_i + \beta_9 DRET_i \times LEV_i + \varepsilon_i \end{aligned}$$

$$XP_i = \beta_0 + \beta_1 RET_i(\mu_1 + \mu_2 SIZE_i + \mu_3 M/B_i + \mu_4 LEV_i)$$
$$+ \beta_2 DRET_i + \beta_3 RET_i \times DRET_i(\lambda_1 + \lambda_2 SIZE_i + \lambda_3 M/B_i$$
$$+ \lambda_4 LEV_i) + \delta_1 SIZE_i + \delta_2 M/B_i + \delta_3 LEV_i + \delta_4 DRET_i$$
$$\times SIZE_i + \delta_5 DRET_i \times M/B_i + \delta_6 DRET_i \times LEV_i) + \varepsilon_i \qquad (2\text{-}31)$$

여기서,
XP: t기의 당기순이익÷기초주가
RET: t기 4월부터 t+1기 3월까지의 주가수익률
$DRET$: RET가 음수이면 1이고, 그렇지 않으면 0인 더미변수
$SIZE$: t기의 총자산의 자연로그 값
M/B: t기의 시가총액÷총자본
LEV: t기의 총부채(=단기차입금+유동성장기부채+사채+장기차입금)÷총자산
ε: 잔차항

9.2 최근 관련 연구

김미숙 등(2019)은 보수주의가 기업의 영업실적에 대한 사전공시에 미치는 영향을 분석하였다. 다양한 방법으로 보수주의를 측정하고 이러한 측정치가 영업실적의 사전공시에 미치는 영향을 분석한 결과, 비영업발생액모형을 제외한 모든 보수주의 측정치가 영업실적의 사전 공시와 조기 공시에 영향을 미친다는 결과를 보고하고 있다. 즉 보수주의 수준이 높을수록 기업들은 영업실적을 사전에 공시하고 조기에 공시한다는 결과를 제시하고 있다.

김승환 등(2019)은 일반적으로 사용되는 발생액의 질에 대한 측정모형이 보수주의의 수준에 따라 왜곡현상이 발생하는지를 검증하였는데, 보수주의를 반영한 모형에서의 발생액의 질이 이익지속성에 더 민감한 영향을 미치고 있음을 확인하였으며, 발생액의 질과 이익지속성 간의 관련성도 기존 모형에 비해 더 높다는 연구결과를 제시하고 있다. 이 연구는 기존 모형보다 보수주의를 반영한 모형이 보다 정확히 발생액의 질을 측정할 수 있음을 보여주고 있다.

9.3 참고문헌

김명인, 정민경, 선우혜정. 2013. 비정상 감사보수 및 비정상 비감사보수가 보수주의에 미치는 영향. 국제회계연구, 49: 173-200.

김미숙, 임학빈, 정훈. 2019. 보수주의가 사전이익공시에 미치는 영향. 회계와 정책연구, 24(2): 145-177.

김승환, 황명철, 노밝은. 2019. 보수주의가 발생액의 질에 미치는 영향. 회계와 정책연구, 24(1): 203-227.

Ball, R., and L. Shivakumar. 2006. The Role of Accruals in Asymmetrically Timely Gain and Loss Recognition. *Journal of Accounting Research*, 44(2): 207-242.

Basu, S. 1997. The Conservatism Principle and the Asymmetric Timeliness of Earnings, *Journal of Accounting and Economics*, 24: 3-37.

Feltham, J., and J. Ohlson. 1995. Valuation and clean surplus accounting for operating and financial activities. *Contemporary Accounting Research*, 11(Spring): 689-731.

Givoly, D. and C. Hayn. 2000, The changing time-series properties of earnings, cash flows and accruals: Has financial reporting become more conservative? *Journal of Accounting and Economics*, 29(June): 287-320.

Khan, M., and R. L. Watts. 2009. Estimation and Empirical Properties of a Firm-Year Measure of Accounting Conservatism. *Journal of Accounting and Economics*, 48(2-3): 132-150.

Watts, R. L. 2003. Conservatism in Accounting Part I: Explanations and Implications. *Accounting Horizons*, 17(3): 207-221.

Zang, X. 2000. Conservative accounting and equity valuation, *Journal of Accounting and Economics*, 29(February): 125-149.

10 회계정보의 비교가능성

10.1 개념과 모형

K−IFRS 개념체계에 따르면 회계정보의 비교가능성(comparability of accounting information)은 회계정보의 질적특성 중 하나로 정보이용자가 회계계정 또는 항목 간 차이와 유사성을 인식하고 이해할 수 있게 하는 질적 특성으로 정의된다. 일반적으로 비교가능성이 높은 기업에 대한 재무분석가의 예측오차와 예측편차는 감소하는 것으로 나타났다(De Franco et al., 2011; 강민정 외, 2013; 김민수 · 이명건, 2020). 즉 회계정보의 비교가능성이 높으면 재무분석가가 그 정보를 분석하는 데 소요되는 비용과 정보비대칭이 감소하여 예측오차와 예측편차가 감소한다는 것이다.

대부분의 연구에서 사용되는 회계정보의 비교가능성의 측정모형은 대체로 De Franco et al.(2011)의 모형을 활용하고 있다. 이 모형은 같은 경제적 사건이라면 유사한 회계성과가, 다른 경제적 사건이라면 다른 회계성과가 보고되어야 비교가능성이 높다는 기본가정을 하고 있다.

따라서 회계정보의 비교가능성에 대한 측정방법은 동일한 경제적 사건에 대하여 기업들이 유사한 회계정보(재무보고이익)를 보고한다면 기업들이 비교가능한 회계시스템을 가진다. 즉 식 (2−32)와 같이 기업들이 동일한 경제적 사건들이 재무제표에 유사하게 반영되는 회계시스템이라고 할 수 있다. 특히 이 측정방법에서 일반적으로 회계성과와 경제적 사건의 대용치로서 각각 당기순이익(earnings)과 주식수익률(return)이 각각 사용된다.

$$Financial\ Statements_i = f_i(Economic\ Events_i) \qquad (2-32)$$

$$Earnings_{it} = \alpha_i + \beta_i Return_{it} + \varepsilon_{it} \qquad (2-33)$$

$$E(Earnings)_{iit} = \hat{\alpha}_i + \hat{\beta}_i Return_{it} \tag{2-34}$$

$$E(Earnings)_{ijt} = \hat{\alpha}_j + \hat{\beta}_j Return_{it} \tag{2-35}$$

$$CompAcct_{ijt} = -1/16 \times \sum^{t=16} |E(Earnings_{iit}) - E(Earnings_{ijt})| \tag{2-36}$$

여기서,

$Earnings_{it}$: i기업의 t분기 당기순이익÷t분기초 주가

$Return_{it}$: t분기말 주가÷t분기초 주가

$E(Earnings)_{iit}$: i기업의 경제적 사건(주식수익률)이 반영된 i기업의 t분기 기대이익

$E(Earnings)_{ijt}$: i기업의 경제적 사건(주식수익률)이 반영된 j기업의 t분기 기대이익

구체적인 회계정보의 비교가능성에 대한 측정과정은 크게 다음과 같이 3개의 단계로 구분될 수 있다.

(1) 1단계(각 기업별 회계시스템의 추정)

기업별 회계시스템을 도출하기 위한 단계로서 식 (2-33)을 통해 16개 분기별 자료로 기업별 회귀분석하여 $\hat{\alpha}_i$와 $\hat{\beta}_i$을 추정한다. 식 (2-32)에서 두 기업 i와 j가 유사한 회계시스템을 갖는다면 $f_i(\cdot)$와 $f_j(\cdot)$는 유사한 형태를 가질 것이고, 동일한 경제적 사건이 발생할 경우 기업 i와 기업 j는 유사한 회계정보를 나타내게 된다.

(2) 2단계(기업별 회계시스템 비교)

각 기업별 $\hat{\alpha}_i$와 $\hat{\beta}_i$를 비교하기 위하여 $E(Earnings)_{iit}$와 $E(Earnings)_{ijt}$를 도출하는 과정이다. 여기서 식 (2-34)의 $E(Earnings)_{iit}$은 i기업의 주식수익률(경제적 사건)이 반영된 i기업의 기대이익이고, 식 (2-35)의 $E(Earnings)_{ijt}$은 i기업의 주식수익률(경제적 사건)이 반영된 j기업의 기대이익을 의미한다(강민정 외, 2013). j기업이란 i기업의 비교 기업에 해당되며 동일산업 내 모든 기업이 해당된다.[17]

17) 즉 j기업에 100개의 기업이 존재하면 산업에 속한 i기업은 99개의 비교쌍인 j기업을 가지

식 (2-36)의 $CompAcct_{ijt}$은 식 (2-34) 및 (2-35)의 기대이익 차이를 도출한 것으로 16개 분기 자료를 이용하였으므로 절댓값을 취하고 평균값에 해석의 편의를 위해 음수(-)를 곱하게 된다. 그런 다음, 이 $CompAcct_{ijt}$가 크다(작다)는 것은 두 기업은 비교가능성이 높다(낮다)는 의미로 해석하면 된다.[18)]

(3) 3단계(비교가능성 측정치 산출)

마지막 과정은 i기업별 대표값을 찾는 단계이다. 위 단계를 통해서 i기업은 동일 산업 내에서 다수의 $CompAcct_{ijt}$을 가지게 된다. 즉, 만약 동일 산업 내에 n개 기업이 존재한다고 가정하면, 각 기업은 자신을 제외한 산업 내 모든 다른 기업과 기업쌍을 생성할 수 있다. 이때 각 기업에 대해 n-1개의 기업이 비교대상기업이 된다. 따라서 개별 기업수준(firm level)으로 분석하기 위해서는 각 기업별로 대표값을 선정해야 하는데, De Franco et al.(2011)은 기업별로 상위 4개의 평균과 n-1개 중 $CompAcct_{ijt}$의 중위수를 각각 대표값으로 정의하게 된다.[19)]

10.2 최근 관련 연구

김민수와 이명건(2020)은 2006년부터 2015년까지 유가증권시장에 상장된 기업들을 대상으로 최종표본 5,206 기업-연도를 활용하여 회계정보의 비교가능성과 가치평가오류에 대한 연구로 비교가능성이 증가할수록 가치평가오류가 감소하는지를 검증하였다. 검증결과, 비교가능성이 증가할수록 가치평가오류는 감소하는 것으로 나타났으며 이러한 결과는 과소평가 구간에서 더 크다는 결과

게 된다(김민수 · 김명건, 2020).

18) 여기서 비교가능성에 대한 해석은 산업별 특성을 감안하여 각 기업의 비교대상을 산업 내로 제한한다.

19) 즉, 각주 17)에서 99개의 $Compacct_{ijt}$를 가지게 되는데 이 99개 중 상위 4개의 평균 또는 99의 중위수를 가지고 비교가능성의 측정치로 사용하게 된다.

를 제시하고 있다. 즉 회계정보의 비교가능성이 증가할수록 정보위험은 줄어들며, 특히 과소평가위험을 줄이는 효과가 더욱 두드러진다는 분석결과를 제시하였다. 또한 외국인주주지분율이 증가할수록 비교가능성이 가치평가오류를 줄이는 효과는 증폭되는 것으로 나타났는데, 이는 외국인주주의 경우 자료의 분석에 의한 객관적인 의사결정을 수행하므로 비교가능한 회계정보의 수요가 강해 비교가능성이 가치평가오류를 감소시키는 효과를 확대하는 것으로 해석하고 있다.

문해원 등(2016)은 기업이 동일한 수명주기에 속하는지 아니면 서로 다른 수명주기에 속하는지에 따라 회계정보의 비교가능성이 차이가 나는지를 분석하였다. 분석결과, 동일한 수명주기에 속한 기업쌍은 서로 다른 수명주기에 속한 기업쌍에 비해 비교가능성이 높다는 연구결과를 제시하고 있다. 또한 서로 다른 수명주기에 속하던 기업쌍은 수명주기로 변화하는 경우 비교가능성이 유의하게 증가하였으나, 동일한 수명주기에 속하던 기업쌍이 서로 다른 수명주기로 변화한 경우에는 비교가능성이 감소하였다는 결과를 주장하였다.

10.3 참고문헌

강민정, 이명건, 이호영. 2013. 회계정보의 비교가능성이 재무분석가 이익예측 및 회계정보가치 관련성에 미치는 영향에 대한 연구, 회계학연구, 38(1): 281-320.

김민수, 이명건. 2020. 비교가능성이 높은 회계정보는 가치평가오류를 감소시키는가? 회계와 정책연구, 25(1): 91-118.

문해원, 조은혜, 최관. 2016. 기업수명주기와 회계정보의 비교가능성. 경영학연구, 45(1): 67-93.

De Franco, G., S. P. Kothari, and R. S. Verdi. 2011. The Benefits of Financial Statement Comparability. *Journal of Accounting Research*, 49(4): 895-931.

11 가치평가의 오류

11.1 개념과 모형

효율적이지 않은 시장에서 기업의 주가는 내재가치와 일치하지 않으며, 시장가치와 내재가치의 차이가 나타나는 상태를 가치평가오류(valuation errors)라고 한다. 가치평가오류는 기업내부자와 외부투자자 간의 정보비대칭, 경영자의 도덕적 해이 그리고 투자자들의 의견차이 등으로 인해서 발생한다는 선행연구의 결과가 있다.

단순히 기업의 가치에 대한 적정한 평가뿐만 아니라 가치평가오류가 하나의 대리인비용으로 작용할 수 있기 때문에 자본시장에서 가치평가오류의 유인이나 결과에 대한 연구가 수행되어 왔다.

투자자 관점의 가치평가오류를 분석한 연구들은 다음과 같다. Miller(1977)는 미래의 불확실성에 대한 투자자들 간 의견 차이에 초점을 두고 있으며, 공매도의 제한으로 비관적 투자자의 의견이 주가에 반영되지 않아 주가를 높인다고 주장하였다. 또한 Goetzmann and Massa(2005)는 정보를 해석함에 있어 투자자들의 역량이 상이하기 때문에 의견 차이가 발생하고, 잘못된 해석이 기업가치를 과대평가한다고 주장하였다. 이러한 해석상의 오류는 시장이상현상의 원인이 되며 가치평가오류를 야기한다. 회계이익은 현금흐름과 기타의 항목으로 구성되어 있는데, 이들 구성항목 간에는 차별적인 지속성이 나타나며, 일부 투자자들은 이러한 차별적인 속성을 올바르게 평가하지 못해 가치평가오류를 야기할 수 있다. 다양한 선행연구에서 투자자들이 발생액과 영업활동현금흐름의 지속성을 과대 또는 과소평가하고 있는 시장이상현상을 발견하였다.

특히 Sloan(1996)은 투자자들은 보고이익에 기능적으로 고착화되며, 미래 주가에 발생액과 현금흐름의 특성을 반영하지 않는다고 주장하였다. Collins and

Hribar(2000)는 발생액에 대한 정보해석의 차이로 기업을 과대평가할 수 있다고 하였다. 이러한 과대평가에 대하여 연구한 Jensen(2005)은 기업의 경영자는 과대평가된 주식을 이용하여 투자자와 소통하며 이러한 상황에서 과대평가된 기업은 이익과 주가를 유지하기 위해 이익을 조정하도록 유도할 수 있다고 하였다. 또한 Chi and Gupta(2009)에 의하면 과대평가될수록 경영자는 고평가된 주식을 정당화하기 위해 이익조정을 통해 보고이익을 증가시키는데, 이러한 결과는 경영자는 과대평가를 유지하고자 주주의 부를 낮추는 결과를 초래한다는 것이다.

Rhodes-Kropf et al.(2005)은 가치평가오류에 있어서 MTB(Market-to-Book)가 가치평가오류를 측정하는 데 한계가 존재함을 지적하고 MTB를 기업특성오류, 시계열오류 및 투자기회오류로 분해하는 방법론을 제시하였다. 이 방법론에 따른 가치평가오류 측정치는 재무보고의 품질과 가치평가오류 간의 관련성을 검증하거나 경영자의 의사결정이 가치평가오류에 미치는 영향을 분석하는 데 유용한 것으로 평가받고 있다.

따라서 본서에서는 Rhodes-Kropf et al.(2005)의 가치평가오류 측정치를 중심으로 설명하고자 한다. Rhodes-Kropf et al.(2005)은 MTB를 가치평가오류와 성장성으로 분해하여 가치평가오류 측정치를 도출하였다. 먼저 시장이 비효율적이라면 시장가치와 내재가치가 다르므로 MTB는 다음과 같은 식 (2-37)로 분해할 수 있다.

$$M/B = M/V \times V/B \quad (2-37)$$

여기서,
M: 시장가치(market value)
B: 장부가치(book value)
V: 내재가치(fundamental of true value)

식 (2-37)에서 M/V는 가치평가오류를 말하며, V/B는 성장기회를 의미한다.

좌변과 우변에 각각 로그값을 취하면 식 (2−38)과 같이 로그를 취한 값으로 소문자로 표기하였다.

$$m-b=(m-v)+(v-b) \quad (2-38)$$

여기서,
m : 시장가치(market value)의 로그값
b : 장부가치(book value)의 로그값
v : 내재가치(fundamental of true value)의 로그값

시장에서 성장기회, 할인율 및 미래 현금에 대한 정확한 예측이 가능하다면 시장가치와 내재가치는 일치되기 때문에 $(m-v)=0$이 되어 가치평가오류는 발생하지 않게 된다. 반면 시장에서 성장기회, 할인율 및 미래 현금에 대한 추정에 오류가 발생하면 $(m-v)\neq 0$이 되어 $(m-v)$는 MTB 구성요소의 하나인 시장가치와 내재가치의 차이, 즉 가치평가오류의 크기가 된다. 이때 시장이 이를 완벽히 예상할 수 없다면 $(m-v)$만큼 가치평가오류가 존재하며, 시장에서 과대평가하면 $(m-v)$는 양(+)의 값을, 과소평가하면 $(m-v)$는 음(−)의 값을 갖게 된다. 이러한 결과는 산업 전반에 가치평가오류가 발생하였거나 기업특성에 따른 오류가 발생하였다는 것을 의미한다.

개별 기업 i가 t시점과 j산업에 속할 때 기업의 내재가치 v는 기업고유 회계정보 θ_{it}와 회계정보가 기업가치에 영향을 주는 정도(α =회계배수)의 선형함수로 정의된다. 그리고 α를 동일시점의 영향(α_{jt})과 장기간의 영향(α_j)으로 구분할 수 있다. 즉 $m-b$는 ① 개별 기업의 평가오류(FSE, firm specific error), ② 시계열 속성에 따른 오류(TSE, time series sector error), ③ 성장성(long−run value to book) 등 3가지로 구분될 수 있다.

$$\begin{aligned} m_{it}-b_{it} &= FSE+TSE+GRW \\ &= m_{it}-v(\theta_{it};\alpha_{jt})+v(\theta_{it};\alpha_{jt})-v(\theta_{it};\alpha_j)+v(\theta_{it};\alpha_j)-b_{it} \end{aligned} \quad (2-39)$$

식 (2-39)에서 $m_{it} - v(\theta_{it};\alpha_{jt})$는 시장가치($m_{it}$)와 개별 기업의 회계정보를 동일시점의 산업별 회계배수에 적용시킨 추정된 내재가치($v(\theta_{it};\alpha_{jt})$)의 차이로 계산되며, 이는 개별기업의 평가오류(FSE_t)가 된다. $v(\theta_{it};\alpha_{jt}) - v(\theta_{it};\alpha_j)$는 동일시점의 산업별 회계배수를 적용시킨 추정된 내재가치($v(\theta_{it};\alpha_{jt})$)와 장기간에 걸쳐 측정된 산업별 회계배수를 적용시킨 내재가치($v(\theta_{it};\alpha_j)$)의 차이로 시계열 속성에 따른 오류(TSE_t)를 의미한다. 그리고 $v(\theta_{it};\alpha_j) - b_{it}$는 장기간에 걸쳐 측정된 산업별 회계배수를 적용시킨 내재가치와 순장부가치의 차이로 성장성(GRW_t)을 나타낸다.

또한 기업의 시장가치를 자본의 장부가치, 당기순이익 그리고 부채비율의 함수로 나타낸 식 (2-40)을 통해 $v(\theta_{it};\alpha_{jt})$와 $v(\theta_{it};\alpha_j)$를 추정하게 된다.

$$m_{it} = \alpha_{0jt} + \alpha_{1jt}b_{jt} + \alpha_{2jt}\ln(NI)^{+}_{it} + \alpha_{3jt}(I<0)\times\ln(NI)^{+}_{it} + \alpha_{4jt}LEV_{it} + \varepsilon_{it} \tag{2-40}$$

여기서,
m : 보통주 시가총액에 자연로그를 취한 값
b : 순장부가치에 자연로그를 취한 값
NI^{+} : 당기순이익의 절댓값
$I<0$: 당기순손실 여부를 나타내는 더미변수로 손실이 발생했으면 1, 아니면 0
LEV : 부채비율

순이익과 같은 이익수치들과 자기자본의 장부가치는 기업의 기본적인 가치를 나타내는 포괄손익계산서와 재무상태표의 요약정보로서 기업의 주식가치와 높은 관련성을 갖는 것으로 알려져 있다(Feltham and Ohlson, 1995). 그러나 순이익이 음(−)의 값을 갖는 경우 음(−)의 순이익이 주가와 갖는 관계가 양(+)의 순이익이 주가와 갖는 관계와 체계적으로 다르다. 이러한 차이를 고려하기 위해 순손실 더미변수를 모형에 추가하였다. 또한 재무건전성이 낮은 기업일수록 순이익의 주가배수와 설명력은 감소하는 반면, 순자산의 주가배수와 설명력이 높다고 주장하고 있다. 재무건전성이 순이익과 순자산의 회계배수에 미치는 차별적인 영향을 통제하기 위해 재무건전성의 대용치로 부채비율을 포함시켰다.

식 (2-40)을 연도-시장-산업별로 회귀분석하여 회귀계수인 $\hat{\alpha}_{jt}$를 추정한다. $v(\theta_{it};\alpha_{jt})$는 개별 기업의 회계정보를 동일시점의 산업별 회계배수에 적용시킨 추정된 내재가치로서 개별 기업의 회계정보에 식 (2-40)을 통해 구해진 회귀계수($\hat{\alpha}_{jt}$)를 반영하여 추정된다. 이를 다음의 식 (2-41)로 표현할 수 있다.

$$v(\theta_{it};\alpha_{jt}) = \hat{\alpha}_{0jt} + \hat{\alpha}_{1jt}b_{it} + \hat{\alpha}_{2jt}\ln(NI)^{+}_{it} + \hat{\alpha}_{3jt}(I<0)\times\ln(NI)^{+}_{it} + \hat{\alpha}_{4jt}LEV_{it} \quad (2-41)$$

$v(\theta_{it};\alpha_{j})$는 장기간에 걸쳐 측정된 산업별 회계배수를 적용시킨 내재가치로, 식 (2-41)을 통해 얻어진 산업별 회계배수를 과거 5개년 평균한 값($\overline{\alpha}_{jt}$)에 개별 기업의 회계정보를 반영하여 산출한다. 이를 다음의 식 (2-42)로 표현할 수 있다.

$$v(\theta_{it};\alpha_{j}) = \overline{\alpha}_{0jt} + \overline{\alpha}_{1jt}b_{it} + \overline{\alpha}_{2jt}\ln(NI)^{+}_{it} + \overline{\alpha}_{3jt}(I<0)\times\ln(NI)^{+}_{it} + \overline{\alpha}_{4jt}LEV_{it} \quad (2-42)$$

시장가치(m_{it})에서 개별 기업의 회계정보를 동일시점의 산업별 회계배수에 적용하여 추정된 내재가치($v(\theta_{it};\alpha_{jt})$)를 차감한 값이 개별 기업의 평가오류($FSE_t$)가 된다. 그리고 동일시점의 산업별 회계배수를 적용시킨 추정된 내재가치($v(\theta_{it};\alpha_{jt})$)에서 장기간에 걸쳐 측정된 산업별 회계배수를 적용시킨 내재가치($v(\theta_{it};\alpha_{j})$)를 차감한 값이 시계열속성에 따른 오류, 즉 산업의 평가오류(TSE_t)가 된다. 여기서 FSE_t와 TSE_t를 합한 값을 가치평가오류로 정의하고, 이 값이 클수록 주가 과대평가 정도가 크다는 것을 의미한다.

11.2 최근 관련 연구

김민수와 이명건(2020)은 특수관계인 거래가 가치평가오류에 미치는 영향을 분석하였으며, 특수관계인 간 거래가 증가할수록 정보비대칭이 증가하여 가치평가오류에 양(+)의 영향을 미친다. 따라서 특수관계인 거래가 많은 기업에 투자할 경우 가치평가오류가 발생하지 않도록 신중한 의사결정을 해야 한다고 주장하였다.

이진훤과 윤성용(2015)은 발생액의 질로 측정한 회계이익의 질이 가치평가오류와 주가급락가능성에 미치는 영향을 분석하였다. 연구결과 발생액의 질이 낮을수록 가치평가오류가 크게 나타나며, 발생액의 질이 낮고, 가치평가오류가 클수록 주가급락가능성이 높게 나타남을 보였다. 즉 발생액의 질로 측정한 회계이익의 질이 정보위험의 대용치로 사용될 수 있다고 주장하였다.

조장연(2014)은 기업의 이익조정행위가 기업의 내재가치평가에 어떠한 영향을 미치는지 분석한 결과, 재량적 발생액이 가치평가오류에 유의한 양(+)의 영향을 주어 경영자의 이익조정행위가 기업가치를 과대평가하는 요인이라 주장하였다. 이러한 현상에 대하여 이성구와 김영길(2014)은 실물활동을 통한 이익조정은 일반적으로 발생액을 이용한 이익조정에 비해 탐지하기 어렵고, 가치평가오류현상은 일반적 투자자뿐만 아니라 분석능력이 상대적으로 뛰어난 재무분석가들 사이에서도 나타나고 있다고 하였다.

11.3 참고문헌

김민수, 이명건. 2020. 비교가능성이 높은 회계정보는 가치평가오류를 감소시키는가? 회계와 정책연구, 25(1): 91-118.

이진훤, 윤성용. 2015. 회계이익의 질이 가치평가오류와 주가급락에 미치는 영향. 회계연구, 20(2): 151-179.

조장연. 2014. 재량적 발생액이 기업가치평가오류에 미치는 영향. 글로벌경영연구, 26(1): 89–103.

Chi, J. D., and M. Gupta. 2009. Overvaluation and earnings management. *Journal of Banking & Finance*, 33(9): 1652–1663.

Collins, D. W. and P. Hribar. 2000. Earnings-based and accrual-based market anomalies: one effect or two? *Journal of Accounting and Economics*, 29(1): 101–123.

Feltham, G. A., and J. A. Ohlson. 1995. Valuation and clean surplus accounting for operating and financial activities. *Contemporary Accounting Research*, 11(2): 689–731.

Goetzmann, W. N., and M; Massa. 2005. Dispersion of opinion and stock returns. *Journal of Financial Markets*, 8(3): 324–349.

Jensen, M. C. 2005. Agency costs of overvalued equity. *Financial Management,* 34(1): 5–19.

Miller, E. M. 1977. Risk, uncertainty, and divergence of opinion. *The Journal of Finance*, 32(4): 1151–1168.

Rhodes–Kropf, M., D. T. Robinson, and S. Viswanathan(2005), Valuation Waves and Merger Activity: The Empirical Evidence. *Journal of Financial Economics*, 77: 561–603.

Sloan, R. G. 1996. Do stock prices fully reflect information in accruals and cash flows about future earnings? *Accounting Review*, 289–315.

12 주가붕괴위험

12.1 개념과 모형

주가붕괴(stock price crash)란 경영자가 기업의 악재(bad news)를 숨기고 누적시키다가 어느 한계점에 도달했을 때, 일시에 이러한 악재가 시장에 전달됨으로써 주가가 급격하게 폭락하는 현상을 의미한다(Francis et al., 2016). 이는 소유와 경영의 분리로 인한 정보비대칭(information asymmetry)으로 인해 경영자는 악재에 대한 공시는 가능한 한 지연시키고, 호재(good news)의 공시는 가급적 조기에 시장에 공시하려는 전략적 공시행태를 나타내기 때문이다(Kothari et al., 2009).

결국 기업의 주가가 급격히 하락할 가능성을 나타내는 주가붕괴위험(stock price crash risk)은 자본시장에서 투자자들의 불안과 혼란을 일으켜 경제환경 전반에 걸쳐 영향을 주고, 투자자들에게는 경제적 손실을 초래하여 자본시장의 효율성에 악영향을 미친다.

이러한 주가붕괴에 대하여 선행연구들은 크게 투자자와 대리인 간의 정보비대칭과 대리인이론 관점에서 경영자의 기회주의적 행위로 보고 있다(남기만 · 전경민, 2020). 그래서 주가붕괴위험과 회계정보 공시의 질과 양, 최대주주 지분율, 배당의사결정 및 내부통제 등 간의 관련성을 분석하거나 조세회피, 사회공헌활동 및 사외이사의 정치적 관계 등 대리인문제 등과의 관련성을 분석하였다.

주가붕괴위험을 측정하기 위한 방법과 절차는 다음과 같다. 먼저 기업고유(firm-specific)의 주간수익률(weekly return) 자료를 이용한다. 이는 시장의 영향을 제거하기 위함으로 여러 선행연구에서 주가의 급격한 변동을 측정함에 있어 가장 적합한 수익률의 빈도로 제시하고 있다. 기업-연도별로 기업 고유의 주간수익률을 산출하기 위해 실제 주간수익률(r_{jt})과 시장수익률(r_{mt})과의 관계를 나타낸 식 (2-43)에서 추정되는 잔차(ε_{jt})를 이용하여 개별 기업의 고유 주간 수익률(W_{jt})을 측정하게 된다(박민경 · 전성일, 2020).

$$r_{jt} = r_j + r_{1j}r_{mt-2} + r_{2j}r_{mt-1} + r_{3j}r_{mt} + r_{4j}r_{mt+1} + r_{5j}r_{mt+2} + \varepsilon_{jt} \quad (2-43)$$

여기서,
r_{jt} : j기업의 τ주 수익률
r_{mt} : τ주의 시장수익률(value-weighted market return)

비동차적 거래의 영향을 반영하고 시장수익률의 선행후행효과(lead-lag effect)를 통제하기 위해 시장수익률에 전전기, 전기, 당기, 차기, 차차기의 수익률을 포함한다. 식 (2-43)의 분석에서 회귀식의 설명력 R^2가 증가되면, 해당 주식 j수익률과 시장의 동조성의 증가를 나타내면서 기업의 정보에 비해 시장의 변동이 주가에 더 유의하게 반영된다. 따라서 시장의 영향을 통제하고자 식 (2-43)의 잔차(ε_{jt})에 자연로그값을 취하여 기업고유 수익률(W)을 측정하고 이렇게 측정된 기업수익률을 이용하여 식 (2-44)와 같이 주가붕괴위험 측정치를 구한다.

주가붕괴위험을 측정하는 방법은 크게 3가지로 구분되는데, 첫 번째 측정치는 주가붕괴 발생 여부이다(Hutton et al., 2009). 기업-연도별 주간수익률의 평균과 표준편차를 표준화한 후, 표준화된 주간수익률이 특정 기준점[20]보다 낮은 경우를 주가붕괴 주(crash week)로 정의한다. 이때 특정 기준점은 표준정규분포 상하위 0.1%에 해당하는 값으로 확률분포를 고려하여 비정상적으로 낮은 수익률의 발생 여부를 측정하기 위한 기준이다. 따라서 주가붕괴위험 측정치를 주가붕괴 주를 1회 이상 경험하였으면 1, 그렇지 않은 경우 0을 갖는 더미변수로 측정한다(김숙민 · 유승원, 2018).

20) 특정 기준점 $= Mean(r_{mt}) - 3.09 Std(r_{mt})$이 산정된다.

두 번째 측정치는 음(−)의 조건부 왜도(NCSKEW: negative conditional skewness)이다(Kim and Zhang, 2016). $NCSKEW_{jt}$는 다음의 식 (2−44)의 방법으로 계산된다.

$$NCSKEW_{jt} = -[n(n-1)^{3/2}\Sigma W_{jt}^3]/[(n-1)(n-2)(\Sigma W_{jt}^2)^{3/2}] \qquad (2-44)$$

여기서,
W_{jt} : 식 (2−43)에서 측정된 개별 기업의 주간수익률
n : t년도의 주간수익률의 수

식 (2−44)의 n은 j기업의 t년도 거래주간 횟수를 나타내고 W_{jt}는 식 (2−43)을 통해 측정한 기업고유의 주별 주가수익률을 나타낸다. *NCSKEW*는 해당 기업−연도별로 산정한 주간 고유수익률의 3차 적률(third moment)을 표준편차로 나누어 표준화한다. 그리고 음(−)의 부호를 취하여 값이 커질수록 주가붕괴위험이 증가하는, 즉 좌측으로 더 왜곡된(left−skewed) 분포를 갖도록 하였다(결국, $NCSKEW_{jt}$의 값이 크다는 것은 주가붕괴가능성이 높다는 것을 의미한다.).

세 번째의 주가붕괴위험 측정치는 음(−)의 수익률의 변동성이 커지는 정도를 측정한 하락−상승 변동성(DUVOL: down−to−up volatility)이다. 기업−연도의 효과를 고려한 주식 j의 주간수익률이 평균수익률 이하인 경우와 평균수익률 이상인 경우를 각각 하락주간과 상승주간으로 구분하고, 이 두 개 표본에 대해 각각의 표준편차를 구한다. 식 (2−45)와 같이 상승주간의 변동성에 대한 하락주간의 변동성비율에 자연로그값을 취하여 DUVOL을 계산한다. DUVOL값이 커질수록 주가붕괴위험이 증가하는 것으로 해석된다.

$$DUVOL_{jt} = \log[(n_u - 1)\Sigma_{down} W_{jt} / (n_d - 1)\Sigma_{up} W_{jt}^2] \qquad (2-45)$$

여기서,
n_u : 주가가 상승한 주의 수
n_d : 주가가 하락한 주의 수

12.2 최근 관련 연구

남기만과 전경민(2020)은 주가붕괴가 기업의 배당정책에 영향을 미치는지를 분석한 결과, 주가붕괴 기업은 대리인문제를 감소시키고 투자자들에게 미래 수익성에 대한 정보를 제공하기 위해 배당정책을 보다 적극적으로 활용하고 있다는 연구결과를 보고하고 있다. 특히 이러한 현상은 대리인비용이 큰 기업일수록 더욱 뚜렷하게 나타났으며, 주가붕괴 이후 배당률이 높을수록 기업의 미래가치가 증가한다고 주장하였다. 이러한 결과들은 주가붕괴로 인해 발생한 투자자들의 금전적 손실을 보전하고 기업의 미래가치 및 현금흐름에 대한 불확실성 증가에 대한 외부 이해관계자들의 우려를 완화하기 위해 기업이 배당정책을 활용한다고 해석하고 있다. 이 연구는 주가붕괴의 결정요인에 초점을 둔 선행연구들과 달리, 배당정책이 주가붕괴 이후 기업의 대처방안으로 활용되고 대리인문제 등을 개선시킨다는 시사점을 제공하고 있다.

박민경과 전성일(2020)은 주가붕괴위험을 경험한 기업들의 타인자본비용과 사외이사의 정치적 관계에 따라 주가붕괴위험이 타인자본비용에 미치는 영향이 차별적인지를 분석하였다. 분석결과에서 주가붕괴위험은 차기 타인자본비용을 높인다고 주장하였는데, 주가붕괴위험을 경험한 기업의 경우, 높은 위험 프리미엄이 적용되어 더 높은 이자율이 요구되고 더 낮은 신용평가를 받는다는 결과를 제시하였다. 또한 관료출신 사외이사를 선임한 기업은 주가붕괴위험을 경험했더라도 차기 타인자본비용이 낮을 수 있다는 결과를 주장하였다. 즉 관료출신 사외이사를 선임하여 기업의 위험요인을 낮출 수 있다는 해석을 제시하였다. 이 연구는 관료출신 사외이사를 영입하고자 하는 기업의 유인을 파악하고 관료출신 사외이사들의 대외적 영향력을 간접적으로 분석하였다는 점에 의의가 있다.

12.3 참고문헌

김숙민, 유승원. 2018. 주가붕괴와 경영자 이익예측 공시 의사결정 및 특성. 회계학연구, 43(5): 117–158.

남기만, 전경민. 2020. 주가붕괴가 배당의사결정에 미치는 영향. 회계학연구, 45(6): 149– 188.

박민경, 전성일. 2020. 사외이사의 정치적 관계가 주가붕괴위험과 타인자본비용의 관계에 미치는 영향. 회계학연구, 45(6): 1–35.

Francis, B., I. Hasan, and L. Li. 2016. Abnormal real operations, real earnings management, and subsequent crashes in stock prices. *Review of Quantitative Finance and Accounting*, 46(2): 217–260.

Hutton, A. P., A. J. Marcus, and H. Tehranian. 2009. Opaque financial reports, R^2, and crash risk. *Journal of financial Economics*, 94(1): 67–86.

Kim, J. B. and L. Zhang. 2016. Accounting conservatism and stock price crash risk: Firm level evidence. *Contemporary Accounting Research*, 33(1): 412–441.

Kothari, S. P., S. Shu, and P. D. Wysocki. 2009. Do managers withhold bad news? *Journal of Accounting research*, 47(1): 241–276.

3 장 세무회계의 주요 측정모형

1. 유효법인세율
2. 한계세율
3. BTD(회계이익과 과세소득의 차이)
4. 조세회피 : Desai and Dharmapala(2006)의 방법론
5. 세무위험
6. 내재적 조세
7. 조세비용과 비조세비용 간 상충관계
8. 래퍼곡선을 이용한 세율과 세수와 관계
9. 환경쿠즈네츠곡선
10. 조세형평성 : 수직적·수평적·교환적 형평성

– 연구모형을 활용한 회계학연구의 이해 –

3장 세무회계의 주요 측정모형

1 유효법인세율

1.1 개념과 측정모형

유효세율(ETR, effective tax rate)은 조세정책을 포함한 국가재정계획을 수립하고 이행하는 데 중요한 지표 역할을 한다. 즉 납세자들의 조세부담 수준에 관한 정보를 제공할 뿐만 아니라 조세부담이 기업의 경영활동에 미치는 영향에 관한 정보를 제공한다. 예를 들면, 기업별 조세부담을 연구하거나 조세와 기업규모와의 관계를 분석함으로써 유효세율은 조세부담의 정도와 조세전략의 영향을 파악하는 적절한 측정치가 될 수 있다(Omer et al., 1991).

유효세율은 다양하게 정의될 수 있고 측정방법도 대체적인 상이한 정의에 따라 달라질 수 있다. 일반적인 유효세율의 정의는 이익에 대한 조세부담(법인세)의 비율이다.

유효법인세율을 측정함에 있어서 ETR 계열 4개의 측정치를 사용하는 것이 일반적이다. 연간 발생유효법인세율, 연간 현금유효법인세율, 5년 누적유효법인세율 및 5년 누적현금유효법인세율이다.

조세회피 측정치로서 특정 측정방법론만이 받아들여지지 않고 있는데, 각각의 측정방법에 따라 장단점이 존재하기 때문에 연구목적에 맞게 여러 방법론 중의 목적적합한 하나를 선택하면 된다. 각각의 선행연구들이 주장하는 측정치들의 장단점을 정리하면 다음과 같다.

1.1.1 연간 발생유효법인세율

연간 발생유효법인세율은 식 (3-1)과 같이 평균적인 조세부담 수준을 말하며 세전이익 단위당 조세부담액으로 정의된다. 포괄손익계산서상의 법인세비용 등을 세전이익(법인세비용차감전순이익)으로 나눈 값으로 측정된다. 이 측정치는 포괄손익계산서상의 법인세비용을 이용하기 때문에 자료수집에 제한은 없지만 이 법인세비용에는 당기법인세부담액과 이연법인세비용이 혼재되어 있기 때문에 일시적 차이, 즉 이연법인세비용을 이용하여 당기법인세부담을 차기로 이연하는 조세회피전략의 효과가 반영되지 않는다는 특징이 있다. 반면 일부 충당금 등 회계추정으로 인한 일시적 차이는 포괄손익계산서상의 법인세비용을 이용하는 유효법인세율의 변동을 일으킴으로써 해당 세무계획이나 조세회피가 측정될 수도 있다. 또한 분모가 음(-)인 경우 정의가 불가능하다는 한계점이 존재하고 평균적인 조세부담 수준으로서 조세회피 및 세금선호의사 간 구분이 어렵다는 단점이 있다.

그러나 현금유효법인세율을 측정할 때 시차의 편의(bias)를 줄이기 위해서 사용하며 연도별 변동성을 완화시킬 수 있다는 장점이 있다. 다만, 세무이익에 영향을 주는 대부분의 거래를 반영하고 있으므로 절세와 조세회피를 구분하기 어렵다는 단점이 있다. 따라서 연간 발생유효법인세율보다 장기누적유효법인세율은 해당 연도의 현금유효법인세율 대신 장기간 동안의 평균적인 유효법인세율이 반영되기 때문에 각 연도마다 내재된 변동성이 제거될 수 있다(유현수 등, 2017).

$$\text{GAAP ETR} = \text{법인세비용} \div \text{법인세비용차감전순이익} \qquad (3\text{-}1)$$

1.1.2 연간 현금유효법인세율

세전이익 단위당 현금법인세 납부액비율로서 법인세납부액을 세전이익으로 나눈 값으로 식 (3-2)와 같이 측정된다. 이때 법인세납부액에는 당기법인세(당기법인세부담액) 이외의 다른 기간의 법인세가 포함될 가능성이 있고 분모의 세전이익은 당기세전이익으로 구성되어 있기 때문에 분자와 분모 사이에 시차가 존재하여 이들 간 효율적인 대응이 제한될 수 있다는 한계점이 존재한다. 현금법인세 납부액은 이연법인세자산의 변동분에서 이연법인세부채 변동분을 차감한 값을 법인세비용에 합산하여 산출된다. 즉 현금유효법인세율은 이연법인세를 활용하여 당기법인세 납부액을 조절하는 조세회피행위를 측정할 수 있게 된다. 이에 반해 충당금 등 회계추정으로 인한 일시적 차이는 포괄손익계산서상의 당기법인세비용에 영향을 주고 세법상의 법인세납부액에는 영향을 주지 않으므로 법인세납부액을 이용하는 현금유효법인세율로 측정되지 않을 수도 있다.

Cash ETR = 법인세부담액 ÷ 법인세비용차감전순이익 (3-2)

여기서,
법인세부담액 = 법인세비용 등 + (기말이연법인세자산 - 기초이연법인세자산) - (기말이연법인세부채 - 기초이연법인세부채)
또는 공시된 감사보고서 주석상의 법인세납부액[1)]

이러한 연간 유효법인세율이 가지는 시차 및 연도별 측정오차의 문제점을 제거하기 위한 방법으로 Dyreng et al.(2008)은 누적(accumulated)기준의 유효법인세율을 제시하였다. Dyreng et al.(2008)에서는 현금유효법인세율의 측정에서 발생할 수 있는 시차 편의를 줄이는 방법으로 3~10년간 누적측정치를 사용하는 것이 효과적이라는 주장을 하였다.

1) 최보람(2013)은 법인세비용 등에 이연법인세자산 및 부채의 변동분을 감안한 법인세부담액 대신 또는 공시된 감사보고서 주석상의 법인세납부액을 사용할 수 있다는 연구결과를 제시한 바 있다.

1.1.3 5년 누적 유효법인세율

장기간 누적된 법인세비용과 세전이익의 측정치를 사용할 경우 현금납부와 이익기간에 대한 비대칭적인 대응의 문제를 완화시킬 수 있기 때문에 연간 유효법인세율보다 연도별 변동성(측정오차)을 상대적으로 감소시킬 수 있다는 장점이 있다. 그러나 여전히 세무이익에 영향을 주는 다른 요인들도 모두 반영되어 있기 때문에 특정 연도의 조세회피를 포착하기에는 한계가 있다. 즉 5년 누적기간의 특정 연도에 조세회피로 세부담이 감소하였지만 다음 연도에 다시 세부담이 증가되어 그 조세회피연도를 특정하기가 어렵다.

한편, Dyreng et al.(2008)이 3년 누적기간을 적용하였지만 국내 연구들은 대부분이 5년 누적기간을 적용하고 있는데, 이는 정기 세무조사 주기가 5년이기 때문에 3년보다는 5년 주기가 보다 타당할 것이라는 이유에서다.

$$\text{Accumulated ETR} = \sum \text{법인세비용(법인세부담액)} \div \sum \text{법인세비용차감전순이익} \qquad (3\text{-}3)$$

이러한 유효법인세율 측정치를 해석할 때, 이 측정치의 크기가 작을수록 조세회피성향이나 수준이 높아지는 방향성을 갖고 있기 때문에 해석상의 방향(또는 부호)과 반대로 해야 한다. 따라서 위의 ETR 측정모형에 음(−)의 부호를 곱하여 변수를 측정하여야 한다(강정연・고종권, 2014; 최규담 등, 2015).

한편, 유효법인세율을 적용하는 데 주의해야 할 사항은 다음과 같다.

첫째, 연간 유효법인세율을 적용할 경우 법인세비용 혹은 법인세납부액이 음(−)의 값 그리고 법인세비용차감전순이익이 양(+)의 값을 가질 경우에는 '0'으로 정의하는 것이 타당하다. 왜냐하면 음(−)의 조세부담을 환급액 또는 조세혜택으로 해석해야 하는 왜곡의 여지가 발생하기 때문이다. 그러나 장기간 누적 유효법인세율의 경우에는 연단위 음(−)의 값이 차년도에 회복되기 때문에 이러한 연간 유효법인세율의 이상치를 제거하지 않고 그대로 해당 기간에 합산하여 사용하는 경우가 일반적이다.

둘째, 연간 유효법인세율 산출과정에서 법인세비용 혹은 법인세납부액이 양(+)의 값 그리고 법인세비용차감전순이익이 음(−)의 값을 가질 경우에도 유효법인세율이 음(−)의 값을 나타내게 되어 해석이 불분명하다. 즉 결손인 상태에서 세부담이 존재한다는 의미이다. 따라서 이는 결측치(missing)로 처리하는 것이 일반적이다. 그러나 장기간 누적 유효법인세율의 경우에는 연간 유효법인세율에 이러한 이상치(outlier)가 발생하더라도 결측치 처리를 하지 않고 해당 기간 합산하는 것이 일반적이다.

셋째, 연간 유효법인세율과 누적유효법인세율을 산출하는 과정에서 법인세비용 또는 법인세납부액보다 법인세비용차감전순이익이 상대적으로 적다면 유효법인세율이 100%를초과하는 경우가 발생되어 이상치가 발생하게 된다. 이 경우에는 법인세비용차감전순이익이 일정규모 이하인 기업을 분석 표본에서 제거함으로써 법인세비용 또는 법인세납부액이 법인세비용차감전순이익보다 상대적으로 비정상적으로 큰 기업을 제거하는 방법을 사용한다(Gupta and Newberry, 1997; 강정연 · 고종권, 2014; 최규담 등, 2015). 즉 유효법인세율 또는 현금유효법인세율을 산출하게 되는 산식에 있어서 분자인 포괄손익계산서의 법인세비용 또는 법인세납부액에 비해 분모인 법인세비용차감전순이익이 상대적으로 작은 값을 가지는 경우 유효법인세율이 극단적으로 비정상적인 큰 값을 가지게 되어 극단치(outlier)로 인한 왜곡을 야기할 수 있다.

특히 유효법인세율의 측정오차를 줄이기 위한 방법으로 유효법인세율이 음(−)의 값을 가지는 경우에 0으로, 1보다 큰 값을 나타내는 경우에는 1로 하여 winsorizing하는 경우도 있다(강정연 · 고종권 2014; 최규담 등 2015).

1.1.4 현금흐름 유효법인세율

한편, 유효법인세율의 측정방법에 대한 새로운 측정방법론을 소개하고자 한다.[2]

GAAP ETR과 CASH ETR 모두 유효법인세율의 크기에 따라 조세회피의 정도를 측정할 경우 회계이익에 일치하지 않는 조세회피만을 포착할 수 있는 한계가 있어 Hanlon and Heitzman(2010)은 현금납부법인세액을 영업현금흐름으로 나누어 회계이익에 일치하는(conforming) 조세회피를 측정하는 방법을 제안하였고, Badertscher et al.(2010)과 McGuire et al.(2014)에서는 동 변수를 사용하여 회계이익에 일치하는 조세회피를 측정하였다(최보람, 2013).

법인세는 회계기준인 발생주의와는 달리, 권리의무확정주의에 따라 과세소득을 계산하는데, 이 법인세의 계산과정은 회계상 당기순이익에서 세무조정사항을 가감하여 세무상 이익인 각 사업연도소득금액을 계산한다. 법인세의 계산과정이 회계상 당기순이익에서 시작되고 회계상 이익이 재무정보이용자에게 이용되는 중요한 요소 중의 하나이기 때문에 법인세를 세전이익 대비 얼마나 부담하였는지를 살펴보는 유효법인세율이 법인세부담 측정의 중요한 항목이 된다. 다만 이 세무조정에는 세법이 정책적 목적으로 모든 비용의 계상을 막고 있는 손금불산입 항목을 제외하고는 발생주의와 권리의무확정주의의 기간귀속의 차이 조정이 많은데, 이는 권리의무확정주의는 현금주의와 유사한 항목들이 대부분이기 때문이다. 따라서 발생주의에 따른 세전이익 대비 조세부담과 더불어 현금주의에 따른 현금흐름 대비 조세부담의 영향이 상당한 의미가 있게 된다.

Badertscher et al.(2010), McGuire et al.(2014) 및 최보람(2013)이 제시한 회계이익에 일치하는 조세회피(conforming tax avoidance) 측정 산식으로 식 (3-4)와 같이 분자의 법인세납부액은 감사보고서 주석상의 법인세납부액 자료로 직접 추출하여 이용된다.

또한 유효법인세율이 세전이익을 분모로 계산되는 것처럼 영업현금흐름도 세전영업현금흐름이 사용되어야 하는데, 우리나라 현금흐름표 서식으로는 가산되는 현금법인세납부액의 계산이 불명확한 한계가 있다. 실제 당기간에 대한 현금납부법인세액(즉 감사보고서 주석상의 법인세납부액)은 현금흐름표에 반영된

2) 이 새로운 측정방법에 대한 설명은 최보람(2013)의 내용을 근거로 작성되었다.

기간 중에 현금으로 납부한 법인세액과 차이가 있다. 또한 분모에 가산한 현금납부법인세액은 전기법인세납부액과 당기법인세납부액을 각각 1/2씩 가산하고,[3] 분자는 감사보고서 주석상의 법인세납부액을 그대로 사용한다.

CTR＝법인세납부액÷(영업현금흐름＋현금납부 법인세액) (3–4)

여기서,
법인세납부액 : 감사보고서 주석상의 법인세납부액
영업현금흐름 : 현금흐름표상 영업활동으로 인한 현금흐름액
현금납부법인세액 : 전기법인세납부액과 당기법인세납부액을 각각 1/2씩 가산

1.2 최근 관련 연구

박기정 등(2019)은 기존 연구들의 한계점을 극복하고자 유효세율의 종단면적 시간추세 변동성을 분석한 결과, 유효세율 추세의 변동성이 표준편차로 표시할 때 0.45%로 평균 −0.16%를 고려할 때 상당한 변동성을 보여주고 있으며, 유효세율이 감소하는 추세를 가진 기업의 비율은 64.15%이며 증가하는 추세를 가진 기업의 비율은 35.85% 추정하였다. 또한 두 기업군의 차이는 통계적으로 유의한 것으로 나타나, 유효세율이 감소하는 기업이 증가하는 기업보다 많다는 주장을 하고 있다.

김정찬과 노현섭(2019)은 1991~2017년까지의 3,189기업-연도 표본을 대상으로 내국기업과 다국적기업의 유효세율에 대한 분석결과, 내국기업이 다국적기업보다 유효세율이 낮았으며, 내국기업의 유효세율과 세전수익률 간의 관계가 다국적기업보다 상대적으로 약함으로써 내국기업이 다국적기업에 비하여 내재적 조세가 더 낮다는 주장을 하고 있다.

3) 이렇게 전기와 당기 각각 1/2씩을 가산한 이유는 2024년 감사보고서상의 법인세납부액은 2024년 8월 말 중간예납한 금액과 2025년 3월말 차감납부하여야 하는 법인세의 합이고 2024년 기중에 현금으로 납부하는 법인세는 2024년 3월말에 현금으로 납부한 2023년분 법인세와 2024년 8월말 2024년의 중간예납한 법인세의 합이 되기 때문이다.

박종일(2017)은 유효법인세율과 기업의 위험 간의 관계를 분석한 결과, CASH ETR과 GAAP ETR로 측정된 조세회피성향이 높은 기업일수록 차기 주식수익률의 분산과 체계적 위험과 같은 기업위험이 유의하게 증가된다는 결과를 제시하고 있다. 그러나 시장유형별(KOSPI 및 KOSDAQ)로 전체표본을 구분하여 분석한 결과, KOSPI 표본은 조세회피와 기업위험 간에 유의한 양(+)의 관계는 나타나지 않은 반면, KOSDAQ 표본은 조세회피와 기업위험 간에 유의한 양(+)의 관계로 나타나며, 투자자의 경우 두 시장유형별(KOSPI 및 KOSDAQ)로 세무위험에 따른 미래 현금흐름의 불확실성 정도를 낮은 유효세율(조세회피)과 유효세율의 변동성 측정치에 따라 다르게 평가하고 있다는 주장을 하고 있다.

1.3 참고문헌

강정연, 고종권. 2014. 기업지배구조가 조세회피와 기업가치의 관계에 미치는 영향. 회계학연구, 39(1): 147–183.

김정찬, 노현섭. 2019. 내국기업과 다국적기업의 유효세율. 회계정보연구, 37(3): 75–93.

박기정, 김현진, 이성호, 구윤희. 2019. 유효세율의 종단면적 시간추세 변동성에 대한 실증연구. 세무회계연구, 60: 91–115.

박종일. 2017. 조세회피와 기업위험—장기유효세율을 중심으로—. 세무와 회계연구, 6(3): 275–332.

유현수, 최규담, 김새로나. 2017. 기업의 이익투명성이 조세회피 수준에 미치는 영향. 회계·세무와 감사 연구, 59(3): 165–212.

최규담, 김갑순, 유현수. 2015. 경영전략과 조세회피. 회계학연구, 40(5): 1229–1296.

최보람. 2013. 현금흐름을 이용한 현금유효세율의 특성. 국제회계연구, 49: 507–30.

Badertscher, B., S. Katz and S. Rego. 2010. The Impact of Public and Private Equity Ownership, Financial Reporting Pressure and Debt Financing on Corporate Tax Avoidance. *Working Paper.*

Dyreng, S., M. Hanlon, and E. Maydew. 2008. Long-run corporate tax avoidance. *The Accounting Review*, 83(1): 61-82.

Gupta, S., and K. Newberry. 1997. Determinants of the variability in corporate effective tax rates: evidence from longitudinal data. *Journal of Accounting and Public Policy*, 16(1): 1-34.

Hanlon, M. and S. Heitzman. 2010. A Review of Tax Research. *Journal of Accounting and Economics*, 50: 127-178.

McGuire, S., D. Wang and R. Wilson. 2014. Dual Class Ownership and Tax Avoidance. *The Accounting Review*, 89(4): 1487-1516.

Omer, T., K. Molloy, and D. Ziebart. 1991. Measurement of Effective Corporate Tax Rates Using Financial Statement Information. *The Journal of the American Taxation Association*: 77-92.

2 한계세율

2.1 개념과 측정모형

2.1.1 Shevlin(1990)[4)]

한계세율(MTR, marginal tax rate)은 자본비용의 계산, 자금조달 의사결정, 과세자산과 비과세자산 간의 가격결정 등과 같은 다양한 재무적 의사결정에서 중요한 지표라 할 수 있다(고종권, 2002). 한계세율은 현재 벌어들인 1원의 추가소득에 대해 현재 또는 미래 시점에 납부해야 할 것으로 기대되는 세금의 현재가치로 정의되며, 이러한 한계세율을 추정하는 과정에서 영향을 미칠 수 있는 요인은 이월결손금, 투자세액공제 등의 이월공제 및 최저한세 등이 제시되고 있다(고종권, 2002). 그러나 투자세액공제나 최저한세의 경우 우리나라에서는 공시된 자료로 수집하기에 제한이 있어 선행연구 대부분이 이월결손금을 한계세율의 대용치로 사용해 왔다.

이러한 대표적인 한계세율의 대용치로서 Shevlin(1990)의 추정모형은 완전예측한계세율(perfect foresight marginal tax rate)로서 가용한 자료를 활용하여 사후적으로 계산하는 한계세율이다. 그러나 우리나라의 세무관련 자료수집의 제한으로 인해 이월결손금 자료만이 수집가능하다. 그래서 고종권(2002)은 결손금을 활용한 추정한계세율을 추정하였다. 즉 추정한계세율은 결손금이 발생하는 경우 향후 5년간 이월공제가 가능하다는 점을 고려하여 결손금과 관련된 한계세율을 추정하기 위해서 미래 5년간의 과세소득을 예측해야 한다는 특징이 있다.

Shevlin(1990)의 추정방법을 살펴보면, 당기의 추정한계세율은 과세소득이 랜덤워크모형(random walk with drift)을 따른다고 가정하고 식 (3-5)와 같이 기업의 향후 5년간 과세소득을 예측함으로써 계산된다.

4) 이 한계세율 추정모형에 대한 내용은 고종권(2002)을 기초로 작성되었다.

$$\Delta TI_{it} = \mu_{it} + \varepsilon_{it} \tag{3-5}$$

여기서,

ΔTI: 과세소득의 변동분($TI_{it} - TI_{it-1}$)

μ : ΔTI의 평균

ε : 분산이 $\delta^2(\Delta TI)$이고 평균이 0인 오차항

한계세율은 1원의 추가적인 과세소득이 증가하는 경우 납부할 법인세액을 의미하므로 한계세율의 추정을 위해서는 기업의 과세소득을 파악하여야 계산이 가능하다. 그러나 개별 기업의 과세소득이나 결손과 관련된 세무조정 자료를 입수할 수 없으므로 재무상태표상의 법인세비용차감전순이익을 과세소득 자료로 이용하고, ΔTI의 평균 μ는 개별 기업의 과거 시계열 자료를 기초로 한 법인세비용차감전순이익 변동액의 평균으로 계산된다. 각 연도의 세무상 이월결손금도 재무제표 자료에서 수집할 수 없기 때문에 전기이월이익잉여금이 음(−)의 값을 갖는 경우를 세무상 이월결손금으로 간주한다.

2.1.2 Manzon(1994)

Manzon(1994)은 이월결손금이 있는 기업의 경우에는 이월결손금이 소진되려면 몇 년이 걸릴 것인가를 추정해야 한다고 하였다. 이는 미래 과세소득을 예측하는 것을 의미하는데, 경영자가 기업 내부에 있어서 예산이나 재무계획을 알 수 있다면 이러한 예측이 가능하다. 특히 이 추정모형은 개별 기업의 세무 자료를 수집하는 데 제약이 있는 우리나라 실정에서 공시된 재무제표 자료를 활용하여 이 추정모형을 적용할 수 있다는 장점이 있다.

이월결손금이 있는 기업의 경우에는 식 (3-6)과 같이 계산된 한계세율을 이용하고 이월결손금이 없는 경우에는 법정최고세율을 적용한다.[5)]

---

5) Manzon(1994)의 MTR을 보다 간편하게 측정하는 방법은 다음과 같이 정리될 수 있다.

$$MTR = (1원 \times Str) \div (1+r)^n \quad (3\text{-}6)$$

여기서,

Str : 법인세의 법정최고세율(지방소득세 포함)

r : non-firm specific discount rate 할인율로서 한국은행에서 고시한 각 연도별 3년만기 회사채 연간 유통수익률

n : 소진예상기간(연수)6)으로서 $n = NOL_{t-1} \div EFAI_{t-1}$, 할인기간(단, 우리나라 조세법을 고려한 KMTR 측정 시 할인기간이 5년을 초과하는 경우에는 5년, 5년 이하의 경우에는 산출된 수치를 할인기간으로 적용함)

NOL_{t-1} : t－1기의 이월결손금으로서 이익잉여금처분계산서상 전기이월미처분결손금

$EFAI_{t-1}$: expected average future annual income으로서 t－1기의 시장가치에 할인율 r을 곱한 금액. 시가총액을 기준으로 추정되는 연도별 수익의 추정치($= V \times r$). 단, 여기서 적정 할인율(수익률) r은 Manzon(1994)을 참조하여 10%, 15%, 20%를 순차적으로 적용함(단, 통상 15%를 기준으로 산출된 EFAI를 적용함)

$$n = \left| \frac{전기이월미처분이월결손금}{시가총액 \times 3년만기\ 회사채이자율} \right|$$

$$Manzon\ MTR = \frac{법정최고세율}{(1 + 3년만기\ 회사채이자율)^n}$$

① n을 구할 때 전기이월미처분잉여금>0이면 '0'으로 하고 전기이월미처분잉여금<0이면 그 금액을 사용하되 (－)금액이기 때문에 절댓값으로 사용하면 된다.

② 할인율은 3년만기 회사채이자율을 사용하고 세율은 법정최고세율을 사용한다.

③ 수정된 MTR을 구할 때는 $n<5$면 그 자료를 사용하고 $n>5$면 '5'로 하여 위 산식을 계산한 것이다. 그 이유는 이월결손금이 5년까지면 된다고 가정을 하였기 때문이다.

6) 미래의 기대과세소득 흐름을 추정하기 위하여 다음과 같이 단순 가치평가모형을 사용한다.

$V = E \div r$을 다시 정리하면 $E = V \times r$이 된다.

여기서, V: 보통주의 시장가치; E: 미래 연간 기대이익 또는 연간 기대과세소득; r : 세후 할인율이다.

이월결손금 NOL을 추정치 E로 나누어 이월결손금이 소진될 때까지의 기간인 s를 구하면 $s = NOL_t / E_t$이 된다. 따라서 $MTR_t = Str_t - Str_n \div (1+r)^n + Str_s \div (1+r)^s$에 대입한다.

여기서, Str : 법인세의 법정최고세율(지방소득세 포함); n : 환급대상기간; s : t기말의 이월결손금이 소진되는 기간이다.

결국 MTR은 현재 법정최고세율과 n연도 환급액의 현재가치에 s연도에 이월결손금이 소진되어 추가 납부하는 세금의 현재가치를 더한 금액 간의 차이를 의미한다(주의사항 : 위의 본문의 식에서 n과 이 주석의 n은 다른 개념임을 주의할 것).

오광욱과 정석우(2010)는 할인율로서 한국은행에서 고시한 각 연도별 3년만기 회사채 연간 유통수익률 자료를 활용하였고, 할인기간은 2008년까지 발생한 세무상 결손금에 대해서는 5년간 이월공제되었기 때문에 5년이 경과한 결손금은 과세소득에서 공제받을 수 없어서 할인기간이 5년을 초과하는 경우에는 5년, 5년 이하의 경우에는 산출된 수치를 할인기간으로 적용하였다. 특히 이월결손금은 이익잉여금처분계산서상 전기 이월결손금 자료를, 미래 연간 기대이익 또는 연간 기대과세소득을 10%, 15%, 20%를 순차적으로 적용하여 분석한 결과, 15%가 적정하다는 주장을 하고 있다.

2.1.3 Graham(1996)

세금비용을 나타내는 설명변수인 한계세율(MTR)은 Scholes et al.(1990)이 제시한 이론적 모형을 바탕으로 Shevlin(1990)과 Graham(1996)이 제시한 추정방법론이 대표적이다. Scholes et al.(1990)은 한계세율을 현재 과세기간에서 추가적인 1달러의 소득으로 인하여 미래 과세당국에 납부해야 할 세금의 현재가치라고 정의하였다. 이러한 정의는 이월결손금이 소급공제되거나 이월공제됨으로써 미래 과세소득을 변동시키고, 이로 인해 미래 세무적 상황이 달라지는 법인세의 비대칭적이고 다기간적인 속성을 모두 감안한 것이다. 미래 상황을 시뮬레이션하여 한계세율을 정의하는 방법은 다양하지만, Shevlin(1990)과 Graham(1996)이 제시한 방법으로 한계세율을 측정하는 것이 일반적이라 할 수 있다.

Graham(1996)은 과거 10년간 소득금액 자료를 이용해 식 (3-7)의 평균과 잔차를 계산한 후에 랜덤워크 가정(random walk hypothesis)에 따라 미래 과세소득을 예측해서 한계세율을 추정하였다. 이 방법은 개별 기업의 과거 시계열 법인세차감전순이익이 식 (3-7)과 같이 추세항이 있는 랜덤워크모형을 따른다고 가정하고 미래 과세소득을 시뮬레이션을 통해 예측함으로써 한계세율이 계산된다.

$$TI_{it+1} = \mu_i + TI_{it} + \varepsilon_{it+1} \sim N(0, \delta_i^2) \qquad (3-7)$$

여기서,

TI_{it} : i기업의 t기 과세소득

μ_i : i 개별 기업의 추세항

ε_{it+1} : 과세소득에 대한 확률적 충격(random shock)

δ_i^2 : 충격의 변동성

랜덤워크모형을 추정하는 과정에서 추세항 μ는 음수(−)의 값을 갖지 않도록 조정된다. 랜덤워크모형에서는 과세소득에 미치는 확률적 충격 ε이 영구적이고 이익의 평균회귀는 존재하지 않는다. 그리고 추세항 μ는 과거 자료를 이용하여 추정되고 이익기업은 양(+)의 값을, 손실기업은 0의 값을 갖는 경우가 많다. 그러므로 이익(손실)기업의 이익예측치는 손실(이익)이 나타나는 방향으로 확률적 충격 ε이 가해지는 경우가 아니라면 양(음)의 값을 지속적으로 갖게 된다. 따라서 랜덤워크모형에 의해 미래 과세소득을 예측하고 한계세율을 추정하는 경우 이익기업과 손실기업의 추정치는 각각 최고세율과 0에 집중되어 있을 가능성이 높다.

2.1.4 Graham and Kim(2009)[7)]

Graham and Kim(2009)은 개별 기업 정보를 이용하고 과세소득의 평균회귀현상을 반영하여 미래 과세소득을 추정하는 방법을 제시하였다. 이들은 식 (3−8)과 식 (3−9)와 같이 기업−연도 자료에 과세소득을 기초총자산으로 나누어 계산한 총자산수익률 ROA에 대해 1차 자기회귀과정(AR(1))을 적용하였다.

$$ROA_{it+1} = \mu_i + \rho_i ROA_{it} + \varepsilon_{it+1}, \ \ \varepsilon_{it+1} \sim N(0, \ \delta_i^2) \qquad (3-8)$$

$$TI_{it+1} = ROA_{it+1} + TA_{it+1} \qquad (3-9)$$

7) Graham and Kim(2009)의 한계세율 추정방법론은 고종권(2011)의 내용을 바탕으로 기술하였다.

여기서,
ROA_{it} : i기업의 t기 과세소득을 기초총자산으로 나누어 계산한 총자산수익률
μ_i : 추세항
ρ_i : 1차 자기회귀계수
ε_{it+1} : 과세소득에 대한 확률적 충격(random shock)
δ_i^2 : 충격의 변동성
TA_{it+1} : t+1기의 기초총자산
TI_{it+1} : t+1기의 과세소득

1차 자기회귀모형을 이용하여 과세소득을 추정하기 위해 식 (3-8)에서 AR(1) 모형의 계수를 2단계로 추정하였다.

첫 번째 단계는 개별 기업의 과거 시계열 자료를 이용하여 OLS 회귀분석에 따라 모형의 계수를 추정하였다. 이와 같이 AR(1)모형의 계수를 추정하기 위해서는 최소한 4개 연도의 자료가 필요하기 때문에 이 단계의 단점은 4개의 자료가 존재하지 않는 경우 표본에서 제외된다는 것이다.

두 번째 단계는 4개 연도의 자료가 없고 소표본으로 인해 야기되는 표준오차의 문제 등을 해결하기 위해 표준화된 이익과 산업에 따라 패널을 구성하고, 각 패널에 대해 Blundell and Bond(1998)의 'system GMM estimator'를 사용하여 계수를 추정하였다. 특히 표본의 1/4 정도를 두 번째 단계의 추정과정에 적용된다.

일반적으로 식 (3-8)에서 AR모형의 계수를 추정하기 위한 첫 번째 단계의 추정방법은 그대로 사용하였으나, 두 번째 단계에서 4개 연도의 자료가 없고 표본이 작아 야기되는 표준오차의 문제를 해결하기 위해 4개 연도의 자료가 없거나 개별 기업에서 추정된 자기회귀계수가 1보다 크거나 확률적 충격의 변동성 δ_i가 1보다 큰 기업의 경우에는 ROA가 직전연도와 동일하다고 가정하였다.

국내 상장기업 자료를 이용하는 경우 두 번째 단계의 추정방법을 사용하는 표본이 많지 않기 때문에 이익과 산업에 따라 패널을 구성하고, GMM estimator를 사용하여 계수를 추정하는 방법이 오히려 개별 기업의 특성을 반영하지 못하고 추정치를 왜곡할 수 있다는 점을 고려해야 한다.

과거 자료를 이용하여 식 (3-8)에서 추정된 추정계수를 이용하여 t+1기의 총자산수익률 ROA를 추정하고, 식 (3-9)와 같이 총자산수익률 ROA에 t+1기의 기초총자산을 곱하여 t+1기의 과세소득을 추정한다.

매년도의 총자산은 순증관계(clean-surplus formula)가 유지되도록 계산된다. 총자산의 순증관계가 유지되도록 하기 위해 식 (3-10)과 같은 총자산 관계식을 이용하였다. 이 식에서 t+1기의 총자산은 t기의 총자산에 당기순이익(세후이익)을 가산하고 배당지급액을 차감하여 계산된다는 것을 의미한다. τ_{it}는 법정최고세율 자료를 사용하고, 배당지급액 D_{it}는 이익기업의 경우 추정과세소득에 추정배당지급률을 곱하여 계산하고 손실기업의 경우에는 전년도 배당지급액이 유지되는 것으로 가정한다. 추정배당지급률은 전기배당지급액을 전기 법인세비용차감전순이익로 나눈 값으로 계산된다.

$$TA_{it+1} = TA_{it} + TI_{it} \times (1 - \tau_{it}) - D_{it} \qquad (3-10)$$

여기서,
TA_{it} : t기의 기초총자산
TI_{it} : t기의 추정과세소득
τ_{it} : t기의 세율
D_{it} : t기의 배당지급액

Graham and Kim(2009)은 AR(1)모형을 이용하여 과세소득과 한계세율을 추정하는 경우, 다음과 같은 특징을 제시하고 있다. 첫째, 개별 기업 자료를 이용하여 평균회귀하는 과세소득을 추정할 수 있는데 이는 Blouin et al.(2010)의 방법과는 다른 것이다. 이익발생과정은 기업마다 차이가 있으므로 개별 기업 정보를 이용하는 경우 미래 과세소득을 예측하는 데 따른 측정오차가 작다는 장점이 있다. 둘째, Dechow et al.(1999)과 같은 연구는 AR(1)모형이 ROA나 ROE와 같은 표준화된 이익의 시계열 행태를 적절하게 포착한다는 것이다.

한계세율을 추정하기 위해서는 추정오차를 최소화하기 위해 미래기간의 과세소득을 반복하여 추정하고 이를 토대로 한계세율을 추정할 필요가 있는데, 이 연구는 Graham(1996)이나 Graham and Kim(2009)과 동일하게 매년도 기업별로 미래 10년간의 과세소득을 추정한 후 한계세율을 추정하였으며 이와 같은 과정을 50회 반복하여 평균값을 매년도 개별 기업의 추정한계세율로 계산하였다.

2.2 최근 관련 연구

이현석(2018)은 한계세율의 상승이 유형고정자산 투자와 인건비 증가율을 상승시킨다는 연구결과를 제시함으로써 법인세율 인상이 한계세율을 상승시킴으로써 유형고정자산 투자와 신규 고용을 창출하는 데 기여할 수 있다는 주장을 하고 있다. 따라서 기업의 투자를 촉진시키기 위해서는 감세가 아니라 오히려 법인세율을 인상해야 한다는 점을 강조하고 있다.

최유진 등(2017)은 Graham(1996)의 MTR을 추정하여 출자임원에 대한 대가지급수단 선택에 조세와 비조세 요인이 미치는 영향을 분석하였다. 분석결과, 고액연봉공시기업은 비공시기업에 비해 한계세율과 배당선호 간 양(+)의 관계가 약하게 나타난 반면, 고액연봉공시제도 시행 이후에는 고액연봉공시기업의 상여 비선호현상이 강화된 것으로 나타났다. 이러한 실증결과는 고액연봉공시제도 시행 이후 초과보수 지급에 대한 시장의 모니터링이 강화되었기 때문에 절세수단으로 임원상여가 가지는 효익이 감소한다는 주장을 하고 있다.

김준원과 전병욱(2016)은 Graham(1996)의 방법론으로 MTR을 추정하여 투자, 고용 및 자본조달과의 관련성을 분석한 결과, 한계세율은 투자, 고용 및 외부 자금조달을 모두 유의적으로 증가시키는 것으로 나타나서 세금부담의 일반적 영향과는 반대의 결과를 제시하고 있다. 이 결과에 대해서는 한계세율이 당해 기간 이후 장래의 주관적 기대이익을 바탕으로 산출한 적용세율이기 때문에 과거의 경영실적을 이용해서 추정한 장래의 기대이익이 높을수록 세금부담을 고려한 해당 기업의 세후 투자가능 재원, 고용여력 및 추가적인 자본조달 여력이 증가하게 되는 측면을 나타낸 것으로 해석하고 있다.

2.3 참고문헌

고종권, 2002. 한계세율의 대용치. 경영학연구, 31(4): 859-879.

고종권. 2011. 법인세율 인하 및 이월결손금 공제기간의 연장에 따른 세금효과와 한계세율의 변화. 회계저널, 20(4): 123-156.

김준원, 전병욱. 2016. 비즈니스 사이클 및 투자자 심리와 한계세율이 투자, 고용 및 자본조달에 미치는 영향. 세무학연구, 33(1): 9-38.

문성훈. 2009. 조세가 전환사채 발행의사결정에 미친 영향. 회계학연구, 34(3): 53-93.

오광욱, 정석우. 2010. 한계세율과 과세소득과 관련된 회계선택과의 관계. 세무학연구, 27(4): 43-79.

이현석. 2018. 한계세율과 기업투자와의 관계에 대한 연구. 금융공학연구, 17(3): 117-146.

최유진, 전병욱, 기은선. 2017. 출자임원에 대한 대가지급수단 선택시 세금비용과 비세금비용이 미치는 상대적 영향력에 관한 연구. 회계학연구, 42(4): 75-105.

Blundell, Richard and Stephen Bond. 1998. Initial conditions and moment restrictions in dynamic panel data models. *Journal of Econometrics*, 87: 115-143.

Graham, J. 1996. Proxies for the marginal tax rate. *Journal of Financial Economics*, 42: 187-221.

Graham, J. and H. Kim. 2009. Simulating corporate marginal income tax rates and implications for corporate debt policy. *Working Paper*.

Manzon, G. B. 1994. The Role of Taxes in Early Debt Retirement. *Journal of*

American Taxation Association, 16: 87–100.

Scholes, M. and M. Wolfson. 1990. Tax Planning, Regulatory Capital Planning, and Financial Reporting Strategy for Commercial Banks. *Review of Financial Studies*: 625–650.

Shevlin, T. 1990. Estimating corporate marginal tax rate with asymmetric tax treatment of gaines and losses. *The Journal of the American Taxation Association*, 12: 51–67.

3 BTD(회계이익과 과세소득의 차이)

3.1 개념과 측정모형

IFRS 등의 회계기준은 자본시장의 주주, 채권자, 정부 및 잠재적 투자자 등 이해관계자들에게 유용한 경제적 정보를 제공하기 위한 목적으로서 회계이익을 산출하는 기준과 재무상태를 표시하는 기준을 제공하는 데 반해, 세법은 과세형평성, 과세효율성 및 소득재분배라는 정책적 목표를 달성함과 동시에 국가 재정수입을 확보하기 위한 목적으로 과세소득을 산출하는 기준이 된다. 따라서 회계기준과 세법의 목적이 상이한 것을 고려하면 회계기준과 세법이 동일한 경제적 실체의 이 두 이익을 측정함에 있어 그 차이가 발생하는 것은 당연한 논리라 할 수 있다.

그럼에도 불구하고 회계이익과 과세소득의 차이(또는 일치수준)에 관심을 가지는 이유는 회계기준과 세법의 관계 설정에 따라 이들의 차이가 변화하게 되며 경영자의 경영의사결정 행태에 영향을 주기 때문이다.[8)]

일반적으로 회계이익-세무보고이익(과세소득)의 차이(BTD, book-tax difference)는 이익조정, 조세회피 또는 조세부담 최소화전략을 나타내는 측정치로 사용되고 있다. BTD가 커진다는 것은 기업회계기준과 세법에 의해 각각 산출되는 이익이 다른 방향으로 움직인다는 것을 의미한다. 다시 말해, 회계이익을 과소계상하면 과세소득이 낮아져서 조세부담이 작아야 하는데 오히려 과세소득이 증가하게 되고, 반대로 과세소득을 낮추는 조세회피를 하게 되면 회계이익도 함께 낮아져야 하는데 오히려 회계이익이 증가하게 되어 자본시장에서 기업가치에

8) 또한 BTD는 경영자의 경영의사결정의 행태에도 영향을 주기도 한다. 즉 조세비용과 비조세비용 간 상충문제가 존재하기 때문에 경영자는 회계거래나 세무거래의 변경 등에 영향을 주는 의사결정을 통해 재무보고이익과 세무보고이익의 차이를 발생시킬 수 있기 때문이다.

긍정적인 영향을 주게 된다.

따라서 이렇게 BTD가 경영자가 이익조정 혹은 조세회피행위를 포착하는 기능을 가진다고 가정할 때, 회계이익과 과세소득의 차이가 큰 경우(BTD가 큰 경우) 재무보고와 세무보고가 복잡해지기 때문에 기업의 재무보고비용 및 납세협력비용이 증가하게 되는 문제가 있다.

한편, BTD를 측정함에 있어서 세무보고이익을 어떻게 계산하느냐에 따라 BTD가 다양한 방법으로 측정될 수 있다. 따라서 BTD 측정에 있어서 세무보고이익을 가장 합리적이면서 타당성 있게 측정하는 것이 핵심이다. 기업의 사업보고서나 감사보고서상에 공시된 자료에서 세무보고이익에 관한 정보가 비공개자료이기 때문에 실질적인 각 사업연도소득이나 법인세 과세표준 등을 사용하는 것은 현실적으로 어렵다. 따라서 법인세부담액 또는 법인세납부액을 통해 세무보고이익을 추정할 수밖에 없는 상황으로 BTD 측정치에는 일정수준의 오차가 존재하게 된다.

현행 BTD연구에서 일반적으로 사용되는 대표적인 세무보고이익 측정방법은 Lev and Nissim(2004), 박승식 등(2006) 및 신승묘(2013)의 방법론을 들 수 있다. 세무보고이익의 추정이 논리적으로 타당하다고 판단되는 식 (3-11)의 방법을 이용하여 추정세무보고이익을 측정한 후 BTD를 계산한다.

$$\text{BTD} = \text{법인세비용차감전순이익} - \text{추정세무보고이익} \tag{3-11}$$

여기서,

추정세무보고이익 : [법인세부담액(법인세납부액)÷법인세율]÷기초총자산

법인세부담액 : [법인세비용+(이연법인세자산의 순증가액)-(이연법인세부채의 순증가액)]÷기초총자산

추정세무보고이익을 산출하기 위한 연도별 과세표준에 적용되는 법정 법인세율은 [표 3-1]과 같이 과세표준구간과 세율이 변경되어 왔다.

[표 3-1] **법인세율 현황**

<table>
<tr><th>과세 표준</th><th>1991 ~ 1993</th><th>1994</th><th>1995</th><th>1996 ~ 2001</th><th>2002 ~ 2004</th><th>2005 ~ 2007</th><th>2008</th><th>2009</th><th>2010 ~ 2011</th><th>2012 ~ 2017</th><th>2018 ~ 2022</th><th>2023 ~</th></tr>
<tr><td>1억원 미만</td><td>20%</td><td>18%</td><td>18%</td><td>16%</td><td>15%</td><td>13%</td><td rowspan="3">11%</td><td rowspan="3">11%</td><td rowspan="3">10%</td><td rowspan="3">10%</td><td rowspan="3">10%</td><td rowspan="3">9%</td></tr>
<tr><td>1억원 초과</td><td rowspan="5">34%</td><td rowspan="5">32%</td><td rowspan="5">30%</td><td rowspan="5">28%</td><td rowspan="5">27%</td><td rowspan="5">25%</td></tr>
<tr><td>2억원 이하</td></tr>
<tr><td>2억원 초과</td><td rowspan="3">25%</td><td rowspan="3">22%</td><td rowspan="3">22%</td><td>20%</td><td>20%</td><td>19%</td></tr>
<tr><td>200 억원 초과</td><td rowspan="2">22%</td><td>22%</td><td>21%</td></tr>
<tr><td>3,000 억원 초과</td><td>25%</td><td>24%</td></tr>
</table>

2004년도 법정최고세율을 이용하여 추정과세소득을 계산하는 방법은 다음과 같다. 우선 {1억원×15%+(X−1억원)×27%}×{1+10%(지방소득세)}=법인세부담액이 된다. 따라서 추정과세소득(X)={법인세부담액/1.1−1억원×15%}/27%+1억원이다. 한편, 2012년부터는 3단계 법인세율의 적용으로 과세소득이 200억원 이하인 경우에는 추정과세소득(X)={법인세부담액/1.1−2억원×10%}/20%+2억원이며, 200억원을 초과하는 경우 추정과세소득(X)={법인세부담액/1.1−(2억원×10%+198억원×20%)}/22%+200억원이다. 여기서 법인세부담액은 선행연구들처럼 다음과 같이 계산한다. 즉 법인세부담액=법인세비용+{(기말이연법인세자산−기초이연법인세자산)−(기말이연법인세부채−기초이연법인세부채)}이다.

[표 3-2] 연도별 과세표준 구간별 적용률

연도	과세표준구간	세율
2000~2001년	1억원 이하	0.16×1.1=0.176
	1억원 초과	0.28×1.1=0.308
2002~2004년	1억원 이하	0.15×1.1=0.165
	1억원 초과	0.27×1.1=0.297
2005~2007년	1억원 이하	0.13×1.1=0.143
	1억원 초과	0.25×1.1=0.275
2008년	2억원 이하	0.11×1.1=0.121
	2억원 초과	0.25×1.1=0.275
2009년	2억원 이하	0.11×1.1=0.121
	2억원 초과	0.22×1.1=0.242
2010년	2억원 이하	0.1×1.1=0.11
	2억원 초과	0.22×1.1=0.242
2012~2017년	2억원 이하	0.1×1.1=0.11
	2억원 초과	0.2×1.1=0.22
	200억원 초과	0.22×1.1=0.242
2018~2022년	2억원 이하	0.1×1.1=0.11
	2억원 초과	0.2×1.1=0.22
	200억원 초과	0.22×1.1=0.242
	3,000억원 초과	0.25×1.1=0.275
2023년 이후	2억원 이하	0.09×1.1=0.099
	2억원 초과	0.19×1.1=0.209
	200억원 초과	0.21×1.1=0.231
	3,000억원 초과	0.24×1.1=0.264

주) 지방소득세 10% 포함

3.2 최근 관련 연구

나영과 이상훈(2018)은 상장기업과 비상장기업의 BTD 정보효과의 차이를 분석한 결과 첫째, 상장기업의 경우 비상장기업에 비해 BTD가 더 크게 나타났다. 둘째, BTD는 비상장기업보다 상장기업에서 이익조정 측정치인 재량적 발생액과 양(+)의 관련성이 더 큰 것으로 나타났다. 즉 비상장기업의 BTD는 상장기업의 BTD에 비해 이익조정을 탐지하는 능력이 낮은 수준인 것으로 나타났다. 이는 비상장기업의 경우 BTD가 이익조정 측정치로서 유용하지 않을 수 있다는 것을 의미한다. 셋째, BTD를 기반으로 추정된 조세회피의 측정치도 비상장기업보다 상장기업에서 더 크게 나타나, 조세회피 측정치로서의 BTD 정보도 비상장기업보다는 상장기업에 더욱 유용한 것으로 나타났다.

안홍복과 이연희(2019)는 현금보유, 과잉투자 및 BTD의 관련성을 분석한 결과, 현금보유가 BTD에 대해 양(+)의 관련성을 갖는 것으로 나타났으나, 지배주주의 과잉투자는 BTD에 대해 음(−)의 관련성을 나타내며, 현금보유와 과잉투자의 상호작용효과는 BTD에 대해 음(−)의 관련성을 갖는 연구결과를 제시하였다. BTD의 결정요인으로 국내·외에서 상대적으로 주목받지 못한 현금보유와 과잉투자를 분석하여 BTD연구를 확장하였다.

박한순(2019)은 회계이익·과세소득 차이를 이용한 조세회피 측정치 5개를 비교분석한 결과, 조세회피 측정치 간에 평균과 중위수에 차이가 존재한다는 연구결과를 제시하면서 조세회피 측정방법에 따라 실증분석결과가 달라질 가능성이 있음을 강조하고 있다.

3.3 참고문헌

나영, 이상훈. 2018. 상장기업과 비상장기업의 BTD 정보효과의 차이에 관한 실증 연구. 회계저널, 27(3): 39–84.

박승식, 장지인, 정길채, 배성태. 2006. 기업지배구조와 이익조정의 관련성에 대한 실증연구. 회계정보연구, 24(1): 213–241.

박한순. 2019. 회계이익–과세소득 차이를 이용한 조세회피 측정치 비교. 세무와 회계저널, 20(3): 165–188.

신승묘. 2013. 회계이익과 세무이익의 차이가 자본구조에 미치는 영향. 회계학연구, 38(4): 95–132.

안홍복, 이연희. 2019. 현금보유, 과잉투자 및 재무이익–세무이익 차이의 관련성 분석. 세무회계연구, 59: 137–160.

Lev, B. and Nissim, D. 2004. Taxable Income, Future Earnings, and Equity values. *The Accounting Review*, 79: 1039–1074.

4 조세회피: Desai and Dharmapala(2006)의 방법론

4.1 개념과 측정모형

조세회피(tax avoidance) 측정치는 지금까지 각종 유효법인세율, BTD 및 Desai and Dharmapala(2006) 등 다양한 측정모형을 통한 대용치로 활용해 왔으며, 어떤 측정치가 경영자의 조세회피행위를 측정하는 데 우수한지에 대한 일치된 연구결과가 없는 상황이다. 그러나 최근 문헌에서 일반적으로 조세회피의 측정치로서 Desai and Dharmapala(2006)의 방법론을 적용하고 있다. 따라서 Desai and Dharmapala(2006)의 조세회피 측정방법론을 중심으로 기술하고자 한다.

BTD는 이익조정, 조세회피, 조세부담 최소화전략 및 세무계획 등 다양한 유인을 나타내는 대용치로 사용되어 왔는데, Desai and Dharmapala(2006)는 BTD를 조세회피의 측정치로 사용될 수 있다는 연구결과를 제시하면서 회계이익과 세무보고이익의 차이 중에서 조세회피행위와 관련 없는 요소(예를 들어, 이익조정 유인)가 포함될 가능성을 지적하였다. 따라서 BTD에서 경영자의 이익조정행위로 설명되지 않은 부분이 경영자의 조세회피행위를 나타내는 대용치라는 연구결과를 제시하고 있다.

BTD 중에서 이익조정 요인을 제외한 조세회피행위만을 추출하기 위해 식(3-12)와 같이, BTD의 구성요소 중 총발생액으로 인한 이익조정행위 요인을 제거한 뒤 잔차(ε)를 조세회피 측정치로 정의한다. 즉 법인세비용차감전순이익에서 추정과세소득(법인세부담액÷법인세율)을 제외한 값을 기초총자산으로 나눈 BTD 측정치에서 총발생액(TA)을 제거하여 잔차(ε)를 사용하는 것이다. 이때 연도별-산업별[9] OLS 회귀분석으로 잔차(ε)를 추정하게 되며, 이 수치가 클수록 해당 기업의 조세회피 수준이 높은 것으로 해석한다.[10]

---

[9] 일반적으로 한국표준산업분류(KSIC)의 중분류기준을 적용한다.

$$BTD_{it} = \beta_1 TAC_{it} + \varepsilon_{it} \tag{3-12}$$

여기서,

BTD : 회계이익과 세무보고이익의 차이를 기초총자산으로 나눈 값

TAC : 총발생액(total accruals)으로 당기순이익(또는 법인세비용차감전순이익)에서 현금흐름표상 영업활동현금흐름을 차감한 금액을 기초총자산으로 나눈 값

ε : 조세회피 측정치

4.2 최근 관련 연구

이현주와 정규언(2018)은 유상증자와 조세회피의 관련성을 분석하였는데, 유상증자를 하는 기업은 외부자금을 조달함과 동시에 납부세금의 절감을 통해 추가적인 내부자금의 확보를 통하여 내부현금흐름을 증가시킨다는 연구결과를 제시하였다. 이 결과를 통해 유상증자를 하는 기업은 자금조달에 어려움이 있을 가능성이 높으며, 유상증자를 통한 기업 외부자금 조달의 노력과 동시에 조세회피활동을 통해 기업 내 가용할 수 있는 현금을 확보하기 위해 노력한다는 주장을 하고 있다.

김금미와 김형국(2017)은 기업특성과 기업가치를 이용한 조세회피 측정치를 분석한 결과, 부채비율과 자본집약도, 재고자산비율, ROA는 조세회피에 중요한 영향을 미치는 것으로 나타났으며, 조세회피와 기업가치는 대부분 음의 관계를 가진다는 연구결과를 제시하고 있다. 특히 ETR(유효세율)의 당기유효세율이 가장 유용한 조세회피행위라는 주장을 하고 있다.

10) Desai and Dharmapala(2006)의 연구에서는 $BTD_{it} = \beta_1 TAC_{it} + \mu_{it} + \varepsilon_{it}$으로 μ_{it}(1993~2001년 기간 동안의 잔차의 평균)를 추가하여 일정기간(1993~2001년)의 경영진의 보상에 대한 자료수집이 제한되었던 효과를 통제하였다. 따라서 각 연구목적에 따라 자료의 제한이 있는 경우에는 통제할 필요가 있음에 주의할 필요가 있다.

4.3 참고문헌

김금미, 김형국. 2017. 기업특성과 기업가치를 이용한 조세회피 측정의 평가. 재무와 회계정보저널, 17(4): 81–100.

이현주, 정규언. 2018. 유상증자와 조세회피. 세무와 회계저널, 19(4): 81–106.

Desai, M. A. and D. Dharmapala. 2006. Corporate Tax Avoidance and High Powered Incentives. *Journal of Financial Economics*, 79: 145–179.

5 세무위험

5.1 개념과 측정모형

세무위험(tax risk)은 세무계획에 따른 미래 기대되는 세부담의 불확실성(tax uncertainty)으로 정의되며(Hutchens and Rego, 2013), 세무위험을 포괄적으로 거래, 영업활동, 재무보고의사결정 및 기업의 평판과 관련된 세무관련 불확실성(tax-related uncertainty)으로 정의하기도 한다. 또한 Hanlon et al.(2009)은 기업의 세무 불확실성을 과세당국이 기업으로부터 기대하는 미래 현금의 유입으로 정의하고 있으며, 세무위험을 시간의 경과에 따른 기업의 세무 포지션(tax positions)을 유지할 수 있는 능력으로 정의하기도 한다(Guenther et al., 2017).[11] 특히 Neuman et al.(2013)은 경제적 위험과 세법의 불확실성의 상호작용으로 세무위험을 정의하고 있는데, 여기서 세법의 불확실성은 회계제도에 의한 정보처리와 세법적용에 대한 불확실성이며 경제적 위험은 투자결과의 불확실성으로 보고 있다.

이렇듯이 연구자들마다 세무위험에 대한 세부적인 정의가 다르지만 기존 문헌들이 제시한 세무위험의 정의를 종합해 보면, 세무위험은 미래 세부담의 불확실성으로 귀결될 수 있다.

한편, 세무위험에 대한 측정치도 연구자들마다 다양하다. 그러나 본서에서는 대표적인 측정치로서 두 가지 측정방법론으로 정리하고자 한다.

11) Guenther et al.(2017)은 이러한 세무포지션을 유지하지 못할 때 기업의 세부담의 지출과 관련한 미래 흐름의 불확실성 정도는 증가할 것이라는 주장을 하고 있다.

5.5.1 5년 누적 현금 ETR의 표준편차(변동성)

Hutchens and Rego(2013), Drake et al.(2014) 및 Guenther et al.(2017)은 세무위험 측정치로서 과거 5년간으로 측정된 Cash ETR의 변동성을 사용하였다. Cash ETR의 변동성은 세전이익에 비해 세금부담의 분산으로 측정하는 포괄적인 세무위험 측정치로서 세무전략을 일관되게 유지할 수 있는 능력을 반영한다고 할 수 있다. 따라서 Cash ETR의 변동성 값이 클수록 세무위험은 증가하는 것으로 해석하는 것이다.

t년도 세무위험=당기가 포함된 과거 5년간(t−4~t)의 연간 Cash ETR의 표준편차 (3−13)

여기서, Cash ETR은 법인세부담액÷법인세비용차감순이익

Cash ETR을 계산함에 있어서 주의해야 할 사항은 유효법인세율 부분에서 전술한 바와 같다. 첫째, 표본추출과정에서 법인세비용차감전이익이 음(−)인 경우는 조세회피 유인이 다를 것으로 판단하여 제거하는 것이 일반적이다. ETR에서 분모가 음(−)의 금액인 경우 이를 해석하기가 곤란하기 때문이다. 둘째, CASH ETR의 값이 0보다 작으면 0으로, 1보다 크면 1로 'winsorization'을 통해 조정하는 것이 일반적이다(Dyreng et al., 2008). 왜냐하면 CASH ETR의 값이 0이라는 것은 법인세납부액(법인세비용)이 0이거나 음(−)이라는 것을 의미하며 환급세액이 발생한 경우에 나타날 수 있고, 1이라는 것은 세전이익보다 법인세납부액(법인세비용)이 크기 때문이다.

특히 세무위험에 영향을 주는 요인들을 통제하기 위해서는 다음과 같은 통제변수들을 사용하는 것이 일반적이다. 세무위험을 종속변수로 하는 최종 연구모형에 영업성과와 영업위험을 통제하기 위해 ① 영업현금흐름과 ② 영업현금흐름의 변동성을 포함하고, 성장성으로서 ③ 자산증가율을 포함한다. ④ 재무레버리지는 재무적 제약에 따른 위험을 통제하기 위해 포함한다. 또한 ⑤ 수익률의

변동성이 상대적으로 크게 나타나는 소규모 기업의 영향을 통제하기 위해 ⑥ 기업규모를 포함하고, 재무보고와 관련된 위험을 통제하기 위해 ⑦ 재량적 발생액을 포함하는 것이 일반적이다.

5.5.2 5년간의 연간 BTD의 표준편차(변동성)

회계이익과 과세소득 간 차이의 변동성은 재무이익(법인세비용차감전순이익)에서 추정과세소득을 차감한 BTD를 과거 5년간(t−4~t)의 표준편차로 측정된다. 이 측정치는 BTD 측정의 속성상 조세회피뿐만 아니라 이익조정도 반영한다. 또한 시계열적인 변동성으로 측정되었기 때문에 세부담과 관련한 세무불확실성이 반영된다. 따라서 이 측정치의 값이 클수록 세무위험이 증가하는 것으로 해석한다.

t년도 세무위험＝당기가 포함된 과거 5년간(t−4~t)의 연간 BTD의 표준편차 (3−14)

5.2 최근 관련 연구

강정연(2018)은 세무위험을 CASH ETR의 과거 5년간의 표준편차를 이용하여 측정하여 분석한 결과, 세무위험과 조세회피는 예상과는 달리 음(−)의 관계로 나타나 조세회피가 증가하면 세무위험이 감소한다는 결과를 제시하였다. 또한 세무위험과 기업가치 간 음(−)의 관계로 나타나 유효법인세율의 변동성이 증가하면 미래 현금흐름의 변동성이 증가하여 기업가치에 부정적인 영향을 주는 것으로 해석하고 있다. 특히 세무위험에 따라 조세회피와 기업가치의 부정적인 관계는 강해지는 결과를 보고하면서 조세회피 때문에 발생하는 비세금비용의 증가와 세무위험의 증가로 늘어나는 불확실성이 가중되어 기업가치에 부정적인 영향을 미친다는 해석을 하고 있다.

남혜정(2019)은 ETR의 5년 표준편차 또는 CETR의 5년 표준편차로 측정한 세무위험에 경영자의 과신성향이 미치는 영향을 분석한 결과, 경영자의 과신성향이 있는 기업일수록 세무위험이 유의적인 양(+)의 관계가 있으며, 특히 경영자의 지분율이 높을수록 과신성향과 세무위험 간의 관계가 강화됨을 파악하였다. 이러한 결과는 세무위험과 조세회피 간의 음(−)의 관계를 통제한 후에도 유의적인 결과가 나타난다는 연구결과를 제시하고 있다.

5.3 참고문헌

강정연. 2018. 조세회피와 기업가치 및 세무위험. 국제회계연구, 78: 245−270.

남혜정. 2019. 경영자의 과신성향이 세무위험에 미치는 영향. 세무와 회계연구, 8(1): 57−91.

Drake, K., S. Lusch, and J. Stekelberg. 2014. Investor valuation of tax avoidance and tax risk: Evidence from the pre−and post−FIN 48 periods. *Working Paper*. University of Arizona.

Dyreng, S. D., M. Hanlon, and E. L. Maydew. 2008. Long−run corporate tax avoidance. *The Accounting Review*, 83(1) : 61−82.

Guenther, D. A., S. Matsunaga, and B. Williams. 2017. Is tax avoidance related to firm risk? *The Accounting Review*, 92(1): 115−136.

Hanlon, M. and J. Slemrod. 2009. What does tax aggressiveness signal? Evidence from stock price reaction to news about tax shelter involvement. *Journal of Public Economics*, 93: 126−141.

Hutchens, M., and S. Rego. 2013. Tax risk and the cost of equity capital. *Working Paper*. Indiana University.

Neuman, S., T. Omer and A. Schmidt. 2013. Risk and Return: Does Tax Risk Reduce Firm's Effective Tax Rates? *Working Paper*. Texas A&M University.

6 내재적 조세

6.1 개념과 측정모형

내재적 조세(implicit tax)에 관한 연구는 Scholes and Wolfson(1992)의 내재적 조세의 이론적 근거인 완전경쟁시장에서 조세혜택이 부여된 특정 자산은 완전 과세자산에 비해 동 조세혜택만큼의 세전이익률이 감소한다는 점에서 그 의미를 찾을 수 있다.

일반적으로 기업의 총조세부담은 다양한 조세혜택 등을 활용하여 납부하는 명시적인 조세(explicit tax)뿐만 아니라 이로 인한 세전수익률의 감소현상에 따라 부담하는 내재적 조세를 포함한다. 따라서 효율적인 세무계획에 있어 명시적 조세뿐만 아니라 내재적 조세도 고려하여야 한다(Scholes et al., 2009). 여기서 내재적 조세는 특정 산업, 기업 및 활동 등에 조세혜택이 부여되는 경우 조세부담이 줄어든 만큼 세후이익이 감소하고, 이것은 해당 산업 등의 공급 측면의 경쟁이 증가(경쟁기업의 투자확대와 신규기업의 시장진입 등 수요의 증가)하여 다른 산업 등의 세후이익률과 동일하도록 조정됨으로써 해당 산업 등의 세전수익률이 다른 산업보다 감소하는 현상을 의미한다. 즉 경쟁시장에서의 조세혜택은 세전이익의 감소를 가져오고 조세혜택을 받는 기업은 명시적 조세를 감면받는 대신 내재적 조세를 부담하게 되는 것을 말한다.

내재적 조세에 관한 대표적인 연구로 Wilkie(1992)와 Jennings et al.(2012)은 세전수익률을 조세혜택 또는 조세보조금(tax subsidy)에 회귀분석하여 측정하였다. 내재적 조세의 도출과정은 다음과 같다.[12)]

균형법인세율 t^*는 모든 기업이 동일한 세율로 법인세를 부담하는 경우의 세율을 의미하며, 다음과 같이 두 가지의 상황들로 설명될 수 있다.

12) 이하 내재적 조세의 도출과정에 대한 내용은 노현섭과 김정찬(2016)의 내용을 기초로 작성되었다.

첫째, 조세혜택이 없어 내재적 조세도 존재하지 않는 상황이라고 가정한다. 이 상황에서 기업은 균형세전수익률(PTR^*=균형세전이익÷자기자본)의 $(1-t^*)$에 해당하는 이익만큼을 세후이익으로 얻게 된다. 또한 기업의 실제 유효세율(etr)은 균형법인세율(t^*)과 다르기 때문에 기업이 얻는 세전이익의 변동률인 λ를 사용한다.

$$(1+\lambda)(1-t^*)=(1-etr) \qquad (3-15)$$

식 (3-15)를 λ를 중심으로 정리하면 식 (3-16)과 같다.

$$\lambda=\left[\frac{(1-etr)}{(1-t^*}\right]-1=\frac{(t^*-etr)}{(1-t^*)} \qquad (3-16)$$

식 (3-16)에서 λ가 양(+)이면 그 기업은 조세혜택이 존재하므로 $etr<t^*$가 된다. 이에 비하여 λ가 음(−)이면 그 기업은 추가적인 조세부담(tax burden)이 존재하므로 $etr>t^*$가 된다. 즉, etr이 34%이고 t^*가 40%라면 λ가 10%가 되는데, 이것은 조세혜택으로 인한 세전이익에 대한 세후이익의 증가율이 된다. 여기서 기업의 etr이 40%에서 34%로 감소하면 ₩100당 세전이익에 대한 세후이익은 ₩60에서 ₩66으로 10% 증가한다.

조세혜택이 기업의 세후성과에 미치는 영향을 살펴보기 위하여, 먼저 내재적 조세가 존재하지 않는 것으로 가정한다. 식 (3-15)의 양변에 균형세전수익률(PTR^*)을 곱하면 식(3-17)과 같다.

$$PTR^*\times(1-etr)=PTR^*\times(1+\lambda)(1-t^*) \qquad (3-17)$$

$PTR^*(1-etr)=ROE$로 기업의 실제 자본이익률(return on equity)이며, $PTR^*(1-t^*)=ROE^*$는 기업의 균형자본이익률이므로 식 (3-18)과 같이 표시할

수 있다.

$$ROE = (1+\lambda) \times ROE^{*} \qquad (3-18)$$

t^{*}가 40%이고 etr이 34%라고 가정하며, λ가 10%라는 가정에 추가하여 ROE^{*}가 12%라고 가정하자. 이 경우 ROE는 13.2%[(1+0.10)(0.12)]로 증가하게 된다. 따라서 내재적 조세가 존재하지 않는다고 가정하면 기업의 유효세율은 40%에서 34%로 감소하며 세후자본이익률은 12%에서 13.2%로 10%가 증가한다(결국 세전이익변동률 λ=10%와 같은 비율로 증가한다).

둘째, 다음으로 내재적 조세가 존재하는 상황으로 가정해 보자. 조세혜택 λ에 대한 세금의 형태로 고려하면 다음과 같다. 여기서 δ는 내재적 조세의 크기를 의미한다.

$$ROE = ((1+\lambda)(1-\delta)) \times ROE^{*} \qquad (3-19)$$

만약 조세혜택의 크기 δ를 80%라고 가정할 때, ROE는 12.24%[[(1+0.10)(1−0.8)](0.12)]가 되어 $\lambda(1-\delta)$만큼인 2%의 세후자본이익률이 증가하게 된다.[13)]

식 (3−19)를 사용하여 δ를 추정하기 위하여 이 모형의 다른 변수들을 정의해야 한다. 실제 ROE(각 연도의 실제 자본이익률)와 λ(조세혜택)는 각각 식 (3−15)와 식 (3−16)을 사용하여 측정하였다. 위험을 통제하기 위하여 균형자본이익률(ROE^{*})은 표본기간 동안 기업이 속한 산업의 평균 ROE로 계산하였다.

$$ROE^{*} = \overline{ROE_I} \qquad (3-20)$$

13) 결국 내재적 조세가 존재하지 않은 상황에서의 세후자본이익률이 10%인 데 반해, 내재적 조세가 존재하는 상황에서는 2%만 증가하게 되는 결과이다. 이 두 상황에서 세후자본이익률의 차이 8%(=10%−2%)는 $\lambda\delta$이다.

여기서, $\overline{ROE_I}$는 연도별로 각 산업의 총세전순이익을 계산한 후 산업의 총법인세비용을 차감하고 그 차액을 산업의 총자기자본으로 나누어 계산하였다.

산업평균 ROE로 계산된 균형자본이익률(ROE^*)은 개별 기업의 실제 자본이익률과 기대 자본이익률 간의 연도별 편차를 평균한 것으로 기간경과에 따라 상대적으로 일정한 값을 갖는 산업별 위험의 차이를 반영한다. 또한 이 값은 연구개발비용의 비용화와 특정 산업에 대한 세제지원 등과 같은 산업별로 존재하는 회계상 차이도 반영한다.

균형자본이익률(ROE^*)로 산업평균 자본이익률($\overline{ROE_I}$)을 사용하기 위하여 이를 조세혜택(또는 부담)과 내재적 조세를 반영하기 전의 측정치로 추가적으로 조정하였다. 산업별로 식 (3-22)의 관계를 이용하고 $[(1+\overline{\lambda})(1-\delta)]$로 나누어 $PTR^*(1-etr)=\overline{ROE_I}$를 조세혜택 반영 전 측정치로 전환하였다. 각 연도 각 산업별로 $\overline{\lambda}$는 식 (3-16)과 같이 계산되며, etr은 총법인세비용(TAX)을 총세전순이익(PTI)으로 나누어 계산하고, t^*는 각 연도별로 전체 표본의 총법인세비용을 총세전순이익으로 나누어 계산한다. 따라서 조세혜택 반영전 ROE는 다음과 같이 계산된다.

$$ROE=\frac{\overline{ROE_I}}{[(1+\overline{\lambda})(1-\delta)]} \qquad (3\text{-}21)$$

식 (3-21)을 식 (3-19)에 대입하면 다음과 같다.

$$ROE=\frac{[1+\lambda(1-\delta)]}{[1+\overline{\lambda}(1-\delta)]}\overline{ROE_I}+\varepsilon \qquad (3\text{-}22)$$

이러한 이론적 모형을 근거로 실증모형을 도출하면, 세전자기자본조세혜택비율($PTTSE$)은 자기자본조세혜택비율(TSE)을 세전자기자본수익률과 비교가능하도록 하기 위하여 $(1-t)$로 나누어 세전기준으로 환산한 후 이를 다시 자기자본으로 나누어 계산한다. 이때 자기자본조세혜택비율(*TSE*)은 Wilkie(1992)에 의해 조세혜택 측정의 지표로서 제시된 것으로, 자기자본 ₩1당 조세혜택을 말한다.

$$TS = (PTI \times t) - TAX$$

$$TSE = TS \div SE$$

$$PTTSE = TSE \div (1-t) \qquad (3\text{-}23)$$

여기서,

TS : 조세혜택

PTI : 법인세비용차감전순이익

t : 법정법인세율에 부가세를 고려한 실제최고세율

TAX : 실제법인세납부액, 여기에서는 손익계산서상의 법인세비용 등

TSE : 자기자본조세혜택비율로서 (법인세비용차감전순이익×실제최고세율－법인세비용 등)/자기자본

SE : 재무상태표상의 자기자본

PTTSE : 세전자기자본조세혜택비율로서 자기자본조세혜택비율(TSE)/(1－실제최고세율)

세전자기자본수익률(*PTROE*)은 식 (3-24)와 같이 손익계산서상의 법인세비용차감전순이익을 재무상태표상의 자기자본으로 나누어 계산한다.

$$PTROE = PTI \div SE \qquad (3\text{-}24)$$

여기서,

PTI : 법인세비용차감전순이익

SE : 재무상태표상의 자기자본

PTROE : 세전자기자본수익률로서 법인세비용차감전순이익/자기자본

이 산출과정을 통해 내재적 조세현상을 검증하기 위한 기본 모형을 식 (3-25)와 같이 도출할 수 있으며, 이 모형에서 β_1이 음(－)의 부호를 나타내게 된다.

$$PTROE_{it} = \beta_0 + \beta_1 PTTSE_{it} + \varepsilon \tag{3-25}$$

이러한 내재적 조세의 기본모형을 활용하여 연구자가 분석하고자 하는 특정 변수(*TEST*)를 더미변수 형태로 정의하고 *PTTSE*변수와 상호작용변수로 구성하여 분석하는 것이 일반적이다. 또한 상호작용변수로 정의하지 않을 경우에는 표본을 달리 구성하여 분석한 후 두 결과의 차이가 통계적으로 유의한지를 분석하는 방법도 있다.

6.2 최근 관련 연구

이형수와 김갑순(2010)은 창업벤처기업의 조세혜택이 코스닥 상장 비벤처중소기업에 비하여 2002년, 2001~2002년 및 1999~2002년간 분석을 통해 내재적 조세가 존재한다는 결과를 보고하고 있다. 다만 다른 기간에는 내재적 조세의 발생이 자기자본세전이익률을 이용한 분석에서 나타났는데, 이는 수도권 외 창업중소기업에 비해서는 창업벤처기업과 같은 조세혜택을 주는 부분이 일부 중첩되었기 때문인 것으로 해석하고 있다.

황문호 등(2007)은 기업부문의 내재적 조세를 분석한 여러 선행연구들을 비판적으로 고찰하고 이들의 문제점을 보완하는 연구모형을 구성하여 내재적 조세가설을 포괄적으로 재검증하였다. 파마-프렌치(Fama and French) 3요인 모형을 통해 추정된 개별 기업의 위험요인을 통제변수로 구성하고 세무조정 자료(사업보고서)로부터 직접 조세혜택변수를 측정하였으며, 내재적 조세실현에 시차를 감안하였다.

한영희(2006)는 조세혜택이 존재하는 경우 *PTROE*와 *PTTSE*의 음(−)의 부호를 나타내어 내재적 조세현상이 존재한다는 연구결과를 제시하면서 정부의 규제, 시장마찰, 특정 산업의 보호 및 육성정책, 거래비용 등 불완전경쟁요소의 존재로 인해 *PTROE*와 *PTTSE* 간 기울기가 완전한 역의 관계가 아니라는 주장을 하고 있다. 특히 조세혜택의 차이로 인하여 조세 형평성이 이루어지지 않은 요인이 이러한 완전한 역의 관계가 나타나지 않았다는 해석을 하고 있다.

6.3 참고문헌

노현섭, 김정찬. 2016. 기업의 내재적 조세 측정치에 관한 연구. 회계정보연구, 34(1): 163–182.

이형수, 김갑순. 2010. 내재적 조세를 이용한 벤처기업 조세지원정책의 효과분석. 조세연구, 10(3): 239–274.

한영희. 2006. 조세혜택과 세전이익률에 따른 조세공평성에 관한 연구. 국제회계연구, 16: 1–16.

Jennings, R., C. Weaver and W. Mayew. 2012. The Extent of Implicit Taxes at the Corporate Level and the Effect of TRA 86. *Contemporary Accounting Research*: 1021–1059.

Sholes, M. S. and M. A. Wolfson. 1992. *Taxes and Business Strategy: A Planning Approach*. Prentice–Hall, Englewood, NJ.

Scholes,. M., M. Wolfson, E. Erickson, E. Maydew and T. Shevlin. 2009. *Taxes and Business Strategy: A Planning Approach*, 4th ed., Prentice–Hall, Inc.

Wilkie, P. 1992. Empirical Evidence of Implicit Taxes in the Corporate Sector, *Journal of American Taxation Association*: 97–116.

7 조세비용과 비조세비용 간 상충관계

7.1 개념과 측정모형

경영자는 조세비용(tax costs)뿐만 아니라 비조세비용(nontax costs)을 모두 고려한 조세전략을 취해야만 효율적이라고 할 수 있다(Scholes and Wolfson, 2009). 보고이익을 최소화하여 조세비용만을 줄이는 절세전략은 재무보고비용 등의 비조세비용을 발생시켜 감소된 조세비용의 효과가 상쇄될 수 있기 때문에 무조건 보고이익을 줄이는 것이 아니라 조세비용과 비조세비용의 총액이 최소화되는 수준까지 보고이익을 조정하게 된다. 따라서 경영자는 비조세비용을 감소시키기 위해 재량적으로 재무보고이익을 상향 조정함과 동시에 조세비용을 감소시키기 위해 효과적인 조세전략을 사용하여 세무보고이익을 감소시킬 유인을 가진다. 결국 이런 경우에는 공격적 재무보고와 공격적 세무보고를 동시에 수행하는 경우에도 조세비용과 비조세비용 간의 관계가 일치할 수 있다(Frank et al., 2009). 그러나 조세회피행위가 존재하지 않은 경우에 회계기준과 세법 간의 일치도가 높고 특별한 조세회피의 수단이 없어 조세비용과 비조세비용 간에는 유의한 음(−)의 상충관계(trade-off)가 존재한다.

보고이익이나 부채비율 등에 의해 발생하는 비조세비용은 조세비용의 크기에 영향을 미치게 된다. 즉 비조세비용이 거의 발생하지 않는 기업은 보고이익을 줄여 조세비용을 최소화하려고 할 것이다. 그러나 비조세비용이 많이 발생하는 기업이 조세비용을 최소화하기 위해서 보고이익을 줄이면, 감소된 조세비용보다 비조세비용이 더 많이 증가할 수 있으므로 경영자는 무조건 보고이익만을 줄일 수는 없다. 이처럼 조세비용과 비조세비용 간에는 상충관계가 존재하므로 경영자는 조세비용과 비조세비용을 모두 고려하여 조세전략을 취하게 된다.

일반적인 조세비용과 비조세비용의 상충관계를 검증하기 위한 모형은 식

(3-26)과 같다. TEST변수는 조세비용과 비조세비용의 상충관계와의 관련성을 검증하고자 하는 실험변수 또는 주요 관심변수이며, TAX변수는 조세비용을 나타내는 변수로서 MTR, ETR 및 NOL(이월결손금 유무 더미변수[14]) 등이 있다. 또한 NONTAX는 비조세비용변수로서 부채계약의 위반, 경영자보상의 감소, 자본시장에서의 부정적 영향 및 자본조달비용의 증가 등 재무보고이익이 작을 경우 경영자가 추가적으로 부담해야 할 비용을 의미하며, 자본시장압력을 나타내는 기업 내부소유집중도(기업 내부소유자인 대주주가 보유하는 지분비율)와 30대 기업집단, 부채비율 및 비기대이익 등이 있다(최원석, 2004). 특히 통제변수는 특정 변수가 아닌 종속변수인 TEST에 영향을 미칠 수 있는 요인을 통제할 수 있는 변수들로 구성하며 일반적인 변수로는 기업규모와 당기영업현금흐름 등이 있다.

조세비용을 줄이기 위해서 TEST를 작게(또는 크게) 하는 것과 비조세비용을 줄이기 위해서 TEST를 크게(또는 작게) 하는 것은 상충관계가 존재하며, 이러한 상충관계 여부를 검증하기 위해서 사용되는 상호작용변수는 조세비용과 비조세비용의 상호작용변수로 TAX 또는 NONTAX변수 중 하나를 더미변수로 정의해야만 상충관계 해석이 가능하다.

결국 β_1의 부호가 양(+) 또는 음(-)이면 β_2는 음(-) 또는 양(+)을 나타내어 β_3의 부호가 음(-)이 되어 상충관계를 나타내게 된다.[15]

$$TEST = \beta_0 + \beta_1 TAX + \beta_2 NONTAX + \beta_3 TAX \times NONTAX + \beta \Sigma Controls + \varepsilon \quad (3\text{-}26)$$

여기서,

$TEST$: 세금비용과 비세금비용 간 상충관계와의 관련성을 분석하고자 하는 변수

14) Klassen(1997), 최기호(2004), 최원석(2004) 및 박지영 등(2007)은 이월결손금이 존재하는 경우는 1, 그렇지 않은 경우 0으로 정의하였으며, 전규안(2004)은 과거 5년간의 세전이익의 합계액이 음이면 1, 양이면 0으로 정의하였다.

15) 물론 β_1과 β_2가 모두 양(+)이거나 음(-)이 된다면 β_3의 부호는 양(+)이 되어 상충관계가 성립된다.

TAX: 세금비용으로 직전연도의 이월결손금이 존재하지 않으면 1이고, 아니면 0, 유효세율이나 한계세율이 일정수준 이상이면 1, 그렇지 않으면 0

NONTAX: 비세금비용으로서 다음과 같은 변수로 구성

① 비기대 세전이익: (당기세전이익－자산처분손익－전기세전이익)÷기초총자산

② *DEBT*: 기초부채비율(＝기초총부채÷기초총자산)

③ *NTC*: 대주주 지분비율 또는 최대주주(1대 주주 및 그 친족과 특수관계인이 보유하는 주식의 총수가 가장 많은 주주) 지분율 또는 기업집단이면 1이고 아니면 0

〈Controls〉

SIZE: 기초총자산의 자연로그값

CFO: 당기영업현금흐름/기초총자산

Lee and Yoon(2020)의 조세비용과 비조세비용의 상충관계분석을 위한 연구모형을 예시하면 다음과 같다.

To analyze the effects of tax costs, nontax costs, and the trade-off between tax and nontax costs on MA, a research model is established and expressed as Equation (1) following the studies of Scholes et al. (2001), Lynch et al. (2016), and Demerjian et al. (2012). This regression model includes the year and industry to control the fixed effects of the variables. The dependent variable, namely, MA, is the MA component measured on the basis of the methodology of Demerjian et al. (2012) and Ferri and Oesch (2016). Independent variables TAX, NONTAX, and TAX×NONTAX are included in the model following the methodology of Scholes et al. (2001) and Lynch et al. (2016). Interaction variable TAX×NONTAX tests the trade-off between TAX and NONTAX as stated in the hypothesis. However, tax is endogenous because it can be affected by MA, which depends on the manager's decision-making. In other words, the endogeneity issue should be considered in Equation (1) because TAX and NONTAX may be affected by dependent variable MA. Therefore, the results of the Heckman selection model are presented in the analysis part of this study.

$$MA_{it} = \alpha_{it} + \beta_1 TAX_{it} + \beta_2 NONTAX_{it} + \beta_3 TAX_{it} \times NONTAX_{it} + \beta_4 FOREIGN_{it} + \beta_5 ROA_{it} + \beta_6 SIZE_{it} + \beta_7 RND_{it} + \beta_8 OCF_{it} + \beta_9 MARKET_{it} + \beta \Sigma YD_{it} + \beta \Sigma IND_{it} + \varepsilon_{it} \quad (1)$$

Additionally, to analyze the trade-off between management efficiency and tax and nontax costs, a research model (Equation (2)) is established by adding the *MA(DEA)* variable to the dependent variable.

$$MA(DEA)_{it} = \alpha_{it} + \beta_1 TAX_{it} + \beta_2 NONTAX_{it} + \beta_3 TAX_{it} \times NONTAX_{it} + \beta_4 FOREIGN_{it} + \beta_5 ROA_{it} + \beta_6 SIZE_{it} + \beta_7 RND_{it} + \beta_8 OCF_{it} + \beta_9 MARKET_{it} + \beta \Sigma YD_{it} + \beta \Sigma IND_{it} + \varepsilon_{it} \quad (2)$$

MA: managerial ability by Demerjian et al.(2012)
DEA: Management efficiency by Demerjian et al.(2012)
TAX: 1 if Cash basis ETR(=(Current tax expense− Δeferred tax assets− Δdeferred tax liabilities)÷pre−tax net income) over the first quarter of the ETR(Top 25%), otherwise 0
NONTAX: Leverage(=liabilities÷total assets)
TAX×NONTAX: Interaction variable of TAX and NONTAX
FOREIGN: Equity ratio of foreign investors
ROA: Net income÷total assets
SIZE: Natural logarithm of total assets
RND: R & D expenditure÷total assets
OCF: Cash flow from operating activities÷total assets
MARKET: Total market value of stock÷total assets
ΣYD: Year dummy
ΣIND: Industry dummy

7.2 최근 관련 연구

오웅락과 김용수(2015)는 동일 감사인이 세무서비스를 제공하는 경우 피감사기업의 적극적 재무보고와 세무보고 간의 유의적인 음(−)의 상충관계는 약화되었으며, 동일 감사인이 세무서비스를 제공하는 경우 피감사기업 내에 감사위원회가 설치되어 있거나, 보통주 기관투자자 지분율 및 외국인투자자 지분율이 높아서 기업 지배구조가 건실하면 적극적 재무보고와 세무보고 간의 상충관계가 약화되는 수준이 감소하였다. 그러나 사외이사비율에 따른 차이는 나타나지 않았다.

성용운(2009)은 건설업 경영자들의 재무적 규제와 관련된 이익조정 동기가 세금비용과 재무보고비용의 상충관계에 미치는 영향을 분석한 결과, 시공능력평가에서 경영평점의 반영 비중이 대폭 확대된 연도에 세금비용과 재무보고비용의 상충관계에서 세금비용의 상대적 중요성이 약화되었다는 연구결과를 제시하고 있다. 또한 재무규제의 강화로 세금비용과 재무보고비용의 상충관계에서 세금비용의 상대적 중요성이 약화되는 현상은 기업의 규제비용 발생가능성에 따라 다르게 나타난다고 주장하였다. 특히 세금비용과 재무보고비용 간에 상충관계는 재무규제강화 이전 기간에는 전반적으로 존재하였지만 규제가 강화된 이후에는 규제비용의 발생가능성이 낮은 경우에만 존재하며, 규제비용의 발생가능성은 재무적 규제가 강화된 이후 기간에 대하여만 이익조정에 대해 음의 영향을 미친다는 연구결과를 제시하고 있다.

고종권 등(2012)은 적극적 재무보고와 적극적 세무보고 간의 관계를 분석한 결과, 비조세비용을 나타내는 성과기준 재량적 발생액과 발생기준 ETR 간 음(−)의 관련성이 존재한다는 연구결과를 제시하고 있다. 이는 Frank et al.(2009)의 연구결과와는 달리, 적극적 재무보고와 적극적 세무보고 간에 상충관계가 존재한다는 것을 의미하는 것으로 해석하고 있다.

Lee and Yoon(2020)은 경영자의 능력이 조세비용과 비조세비용을 동시에 고려하는지를 분석한 결과, 경영효율성을 높이기 위해서는 이 두 비용을 동시에 고려해야 하기 때문에 상충관계현상이 나타내며, 이는 곧 Scholes et al.(2001)의 효율적인 세무계획을 나타낸다고 주장하였다.

7.3 참고문헌

고종권, 조은희, 김우영. 2012. 적극적 재무보고와 적극적 세무보고간의 관계 분석. 회계저널, 21(3): 95-130.

박지영, 전규안, 오웅락. 2007. 중소기업과 벤처기업의 조세혜택이 세금비용과 비세금비용의 상충관계에 미치는 영향. 회계학연구, 32(4): 59-90.

성용운. 2009. 건설업의 재무규제 강화가 세금비용과 재무보고비용의 상충관계에 미친 영향. 회계정보연구, 27(4): 117-146.

오웅락, 김용수. 2015. 기업지배구조가 적극적 재무보고와 적극적 세무보고 간의 상충관계에 미치는 영향. 회계와 정책연구, 20(3): 1-24.

최기호. 2004. 조세비용과 재무보고비용의 상충관계. 세무학연구, 21(1): 103-131.

최원석. 2004. 세금비용과 비세금비용이 자산처분손익에 미치는 상충관계, 회계학연구, 29(3): 253-291.

Frank, M., L. Lynch, and S. Rego. 2009. Tax reporting aggressiveness and its relation to aggressive financial reporting. *The Accounting Review*, 84(2): 467-496.

Klassen, K., 1997. The Impact of Inside Ownership Concentration on the Trade-Off Between Financial and Tax Reporting. *The Accounting Review*, 72(3): 455-474.

Lee, K. and S. Yoon. 2020. Managerial Ability and Tax Planning: Trade-Off between Tax and Nontax Costs. *Sustainability*, 12(1), 370: 1-13.

Scholes, M., M. Wolfson, E. Erickson, E. Maydew and T. Shevlin. 2009. *Taxes and Business Strategy: A Planning Approach*, 4th ed., Prentice-Hall, Inc.

8 래퍼곡선을 이용한 세율과 세수와 관계

8.1 개념과 측정모형

래퍼곡선(Laffer Curve)은 1970년대 후반 미국의 경제학자 Arther B. Laffer가 제안한 이론으로 세율과 세수의 관계를 곡선으로 나타낸다. 일반적인 조세이론에서는 세율을 높일수록 세수가 많아지는 것으로 나타나지만, 래퍼는 세율이 높아질수록 세수가 계속적으로 증가하는 'the arithmetic effect'를 설명하는 동시에 일정 세율인 최적부담률 수준을 초과하면 오히려 세수가 줄어드는 현상이 발생한다는 주장을 한다. 이러한 현상을 곡선으로 나타낸 것을 래퍼곡선이라고 정의한다.

세율 변화가 경제주체들의 유인에 주는 영향을 분석하여 세수에 미치는 효과를 나타낸 'the economic effect'를 설명하였는데, 이는 세율이 낮을수록 세후임금, 이자율 및 이윤 등이 높아져 노동의욕, 저축의욕 및 투자의욕이 제고되어 세수를 증가시키는 현상을 의미하는 것이다. 그러나 래퍼곡선 자체만으로는 세율의 인하가 세수를 증가시키거나 감소시키는지 여부를 명확히 판단할 수 있는 근거가 되지 못한다. [그림 3-1]에서와 같이 세율이 0%일 때 경제주체들은 경제활동을 할 유인은 있겠지만 정부의 세수는 없을 것이고, 세율이 100%라면 경제주체들의 유인이 감소함에 따라 세원이 없으므로 정부의 세수는 여전히 없게 된다.

또한 세율이 낮은 상태일 때 적정세율 수준까지는 세수가 극대화되지만 그 적정세율인 t^*을 초과한 세율의 인상이 지속된다면 경제주체들의 유인이 감소될 뿐 아니라 자원배분의 비효율을 야기하여 결국 세율을 인상해도 정부의 세수는 오히려 감소하게 된다. 이 때문에 래퍼는 적정세율인 t^*보다 높은 세율의 영역을 금지영역(prohibited range)이라고 정의하고 있다.

[그림 3-1] Laffer Curve

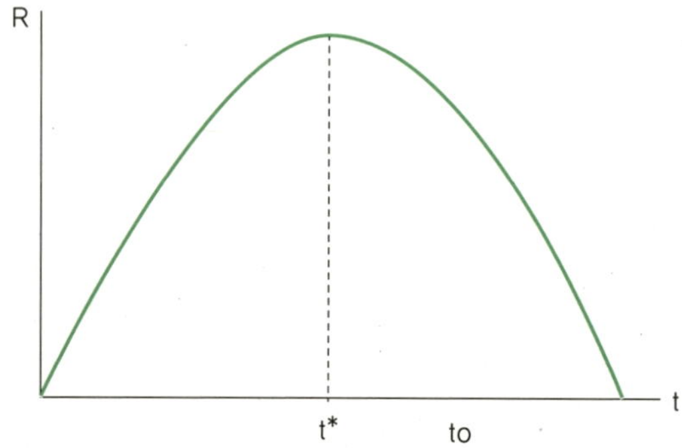

래퍼곡선은 1970년대 미국경제가 인플레이션과 생산성 하락으로 인한 경제침체기일 때, 미정부가 감세정책을 통해 경제의 생산성을 향상시키고 잠재적 공급능력을 증대시키려는 레이건 행정부의 경제정책기조를 뒷받침하는 근거가 되기도 하였다.

이러한 이론적 배경에 근거를 둔 선행 실증연구들은 법인세율의 인하가 법인세수를 증가시키는 현상을 래퍼곡선을 통해 살펴보고, 동시에 이러한 법인세율과 법인세수의 관계에 경제여건과 법인세수의 용도가 어떠한 영향을 미치는지를 분석하는 주제를 다루고 있다.

래퍼곡선에 따르면, 법인세율과 법인세수의 관계가 'reversed U-shape(∩)' 형태를 가지고 있으며 이러한 관계는 다양한 경제변수 등에 따라 달라질 수 있다. 즉 일정의 적정세율 이하까지는 법인세율의 인상에 따라 법인세수가 증가하는 형태를 나타내다가 그 적정세율을 초과하면 법인세율의 인상에도 불구하고 법인세수가 오히려 감소하는 형태를 나타낸다. 특히 ∩형에서 포물선의 폭과 꼭지점(적정세율)에 따라 법인세율과 법인세수의 관계를 나타내는 유용한 정보의 해석을 제공한다고 할 수 있다.

실증분석에 있어서 기본모형은 기본적으로 Laffer(2004)가 제시한 법인세율과 법인세수가 선형관계가 아니라 비선형모형(non linear)이라는 기본가정으로 식 (3-27)과 같이 구성된다. 여기서 통제변수는 경제성장, 경제개방도 및 실업률 등이 포함되는 것이 일반적이다. 결국 이 모형에서 β_2가 음(−)의 부호를 나타내면 법인세율과 법인세수의 관계가 ∩ 형태를 가지고 있다고 해석될 수 있다. 또한 적정세율 t^*는 $-\beta_1/2\beta_2$가 된다.

$$TaxRevenue/GDP_{it} = \alpha_1 + \beta_1 TaxRate_{it} + \beta_2 TaxRate_{it}^2 + Controls + \varepsilon_{it} \tag{3-27}$$

이러한 기본모형에 Factor1이 법인세율과 법인세수의 관계에 미치는 영향을 분석할 경우, 식 (3−28)과 같이 Clausing(2007)이 사용한 경제성장 및 실업률 등의 경제사회적 여건을 통제하고 오수정(2013)이 사용한 경제개방 수준을 통제한 후 세율변수와의 상호작용변수를 추가된다. 여기서 적정세율은 $-(\beta_1+\beta_3)/2(\beta_2+\beta_4)$이 된다.

이러한 래퍼곡선모형을 적용하기 위해서는 국가단위, 지역단위 등의 자료가 요구되어 선행연구들은 대부분 국제적 수준의 국가단위 자료를 활용하고 있다.

$$\begin{aligned} TaxRevenue/GDP_{it} = \alpha_1 &+ \beta_1 TaxRate_{it} + \beta_2 TaxRate_{it}^2 \\ &+ \beta_3 TaxRate_{it} \times Factor1_{it} + \beta_4 TaxRate_{it}^2 \\ &\times Factor1_{it} + \beta_5 Factor1_{it} + \beta_6 Growth_{it} \\ &+ \beta_7 Unemploy_{it} + \beta_8 Open/GDP_{it} + \varepsilon_{it} \end{aligned} \tag{3-28}$$

여기서,

$TaxRevenue/GDP$: GDP 대비 법인세수의 비율

$TaxRate$: 지방세를 포함한 국세인 최고 명목법인세율

$Factor1$: 래퍼곡선에 영향을 미치는 요인으로 주요 관심변수 1

$Open/GDP$: 경제개방도로서 GDP 대비 수입액+수출액

$Growth$: 경제성장변수로서 1인당 GDP(2000년 기준으로 표준화함)를 t연도의 log(1인당 GDP)에서 t−1연도의 log(1인당 GDP)를 차감하여 측정

$Unemply$: 실업률로서 OECD에서 제공하는 연도별 실업률로 정의

8.2 최근 관련 연구

오수정(2013)은 경제여건으로 GDP 대비 대외무역 거래금액을 국가경제의 개방도로 정의하여 분석하였는데, 폐쇄경제하에서는 법인세율과 법인세수 간에는 비선형적인 양(+)의 관련성을 보이지만, 개방경제하에서는 외국으로부터의 투자와 국내에서의 해외투자에 따른 법인세원의 범위가 달라질 수 있기 때문에 법인세율과 법인세수의 관계에 상당한 영향을 미친다는 연구결과를 제시하고 있다.

최원석과 윤성만(2014)은 최근 OECD 회원국의 명목법인세율과 GDP 대비 법인세수의 추이를 분석한 결과, 최근 10여 년간 법인세 인하경쟁이 치열한 분위기 속에서 지속적인 법인세율 평균이 낮아지고 있는 반면, 우리나라는 GDP 대비 법인세수는 하향추세가 아닌 오히려 상향추세임을 제시하고 있다. 특히 확보된 세수의 용도가 사회경제기반에의 투자가 아닌 복지재정지출의 재원으로 활용될 경우, 법인세율과 법인세수의 관계가 약화되어 오히려 법인세수가 감소할 것이라는 결과를 제시하고 있다.

8.3 참고문헌

오수정. 2013. 법인세율과 개방도의 변화가 법인세수에 미치는 영향에 대한 실증분석: Laffer curve를 이용하여, 경제연구, 34(1): 85-105.

최원석, 윤성만. 2014. 법인세율을 이용한 세수확보정책의 타당성 분석. 세무와 회계저널, 15(1): 189-216.

Clausing, Kimberly A. 2007. Corporate tax revenues in OECD countries. *International Tax and Public Finance*, 14: 115-133.

Laffer, Arthur B. 2004. The Laffer curve: Past, Present, and Future, The Heritage Foundation, No.1765.

9 환경쿠즈네츠곡선

9.1 개념

Simon Kuznets가 제시한 환경쿠즈네츠곡선(EKC, Environmental Kuznets Curve)은 환경오염의 문제와 경제발전의 관계를 고찰하는 기본적인 가설이다. 이 곡선은 개발 초기에는 경제개발과 더불어 공업화가 진전되면 빠르게 환경오염 수준이 높아지는 반면, 어느 시점이 지나면 환경에 대한 의식이 높아져 오염방지기술을 본격적으로 도입해 오염을 억제하게 된다는 것을 가정하고 있다. 따라서 경제발전과 환경오염 수준은 'reversed U'형의 관계를 지닌다(Grossman and Krueger, 1995).

일반적으로 EKC를 활용한 선행연구들은 환경오염의 척도로서 총오염량, 1인당 오염량, GDP 대비 오염량[16] 등 다양한 척도를 이용하고 있는 만큼 환경오염의 종류(물질)와 척도가 다양하기 때문에 환경쿠즈네츠곡선의 형태 및 적합도가 국가 또는 물질, 척도에 따라 달라질 가능성이 존재한다.

경제성장이 진행됨에 따라 환경오염도가 어떻게 되는지를 보여주는 환경쿠즈네츠곡선에서 후진국에서는 경제발전이 진행 중이기 때문에 환경오염물질의 배출이 상대적으로 적은데, 점차 생산을 늘려가면서 환경오염이 발생해도 소득 및 성장이 중요하기 때문에 환경오염을 기꺼이 감수하게 된다. 하지만 소득이 일정 수준에 다다르게 되면 소득보다는 환경오염문제에 관심을 가지게 되어 환경오염을 줄이려는 정책을 펼치게 된다.

즉 이 가설에서는 환경오염에 대한 관심은 소득이 늘어남에 따라 수요가 더 늘어나는 사치재와 유사한 것으로 가정한다. 소득이 높은 사람은 자신의 건강에 높은 가치를 두기 때문에 좋은 환경을 위해 돈을 더 지불할 충분한 의향이 있는

16) 오염집약도(pollution density)라고도 한다.

것과 같은 개념이다.

9.2 측정모형

식 (3-29)에서 효용함수는 소비(C)와 오염(W)으로 구성되고 오염(W)은 다시 자본스톡(K)과 오염저감비용(A)에 의해 결정되며, $\partial W/\partial K>0$, $\partial W/\partial A<0$, $\partial^2 W/\partial^2 K>0$, $\partial^2 W/\partial^2 A<0$인 상태에서 W(K, A)의 함수가 성립된다. 또한 생산($\Phi(K)$)은 한계생산물체감의 법칙에 따라 자본(K)이 증가하면 생산량이 증가하지만 일정수준에 이르러서는 한계생산량은 감소하게 된다.

한편, 자본(K)은 δ의 비율로 감소하여 $K=\Phi(K)-\delta K-C-A$가 되며, 정책결정자는 경제의 효용을 극대화시킬 수 있는 K, Ć, A 및 W의 경로를 결정하게 된다.

$$\max \int_0^{\infty} e^{-\rho t U(C, W(K, A))dt}$$
$$s.t. K=\Phi(K)-\delta K-C-A \quad \text{and} \quad A \geq 0 \tag{3-29}$$

경제수준이 낮을 때는 환경오염 수준과 소비량 모두가 낮기 때문에 A=0이 되겠지만, 산업활동이 증가하여 경제수준이 성장함으로써 환경오염을 저감하기 위한 환경오염저감비용 A가 증가하게 된다. 결국 국민소득 수준이 높아지면서 소비의 한계효용은 일정하거나 오히려 감소하고 환경오염의 한계비효용 수준은 증가하며, 한계오염피해는 일정하거나 증가하여 한계오염저감비용은 오히려 증가하게 되어 환경쿠즈네츠곡선이 나타나게 된다.

한편, 환경쿠즈네츠곡선의 실증모형으로서 식 (3-30)과 같이 종속변수로 1인당 탄소배출량(p), 독립변수로 1인당 GDP(y)를 1차와 2차 항으로 설정한다. 또한 탄소배출량에 영향을 미치는 변수인 도시화율, 무역의존도 및 R&D 투자규모 등을 통제변수로 정의한다.

특히 β_1이 양(+)의 부호를 나타내면서 β_2가 음(−)의 부호를 나타내게 되어 GDP(y)가 증가할수록 탄소배출량(p)이 증가하지만 일정수준의 GDP(y)에서는 오히려 GDP(y)가 증가할수록 탄소배출량(p)이 감소하는 곡선을 나타내는데 이것이 환경쿠즈네츠곡선이 된다. 또한 GDP(y)와 탄소배출량(p)의 관계가 달라지는 소득전환점은 $y^* = exp(-\beta_1 \div 2\beta_2)$가 된다.

$$\log(p_{it}) = \alpha_0 + \beta_1 \log(y_{it}) + \beta_2 \log(y_{it}^2) + Controls + \varepsilon_{it} \qquad (3-30)$$

이러한 이론적 배경에 기초하여, Factor1과 Factor2가 탄소배출량에 미치는 영향과 이 두 요인들의 효과 크기를 비교하는 연구라고 가정하여 EKC 측정모형을 설명하고자 한다.

식 (3−31)은 기본적으로 환경쿠즈네츠곡선모형에 Factor1과 Factor2를 GDP 1차, 2차 항에 상호작용변수를 적용하여 각각의 제도의 영향을 분석하는 연구모형을 확장한다.

종속변수(log(CO2))는 1인당 탄소배출량으로서 '(탄소배출량)÷총인구'로 정의되고, log(GDP)와 log(GDP)2와 더불어, 주요 관심변수인 Factor1과 Factor2 변수를 각각 적용하는 상호작용변수로 설정된다.

식 (3−31)에서 δ_1와 δ_2는 각각 양(+)과 음(−)의 부호를 나타낸다면 이는 환경쿠즈네츠곡선을 의미하게 되고, δ_4가 양(+)을 나타낸다면 CO2 배출량의 GDP탄력성이 증가하는 것이며 만약 음(−)을 나타낸다면 CO2 배출량의 GDP탄력성이 감소하는 것을 의미한다. 또한 δ_5가 양(+)을 보인다면 소득전환점이 낮아지며 음(−)인 경우에는 소득전환점이 높아진다는 것을 의미한다. 즉 Factor1과 Factor2가 탄소배출량 저감에 효과적이라면 δ_4가 음(−)을 나타내면서 δ_5가 양(+)을 나타내어 CO2 배출량의 GDP탄력성과 동시에 소득전환점을 낮추어야 한다는 것이다.

한편, Factor1과 Factor2를 식 (3−31)에 각각 적용하여 CO2 배출량의 GDP탄

력성과 동시에 소득전환점이 달라짐에 따라 Factor1과 Factor2의 효과들을 판단할 수 있다. 특히 이 두 제도의 CO2 배출량의 GDP탄력성 정도와 소득전환점의 수준에 비교함으로써 Factor1과 Factor2 중 어떤 요인이 탄소배출량 저감효과에 더 효과적인지를 판단할 수 있다.

$$\begin{aligned}\log(CO2_{it}) = \delta_0 + \delta_1\log(GDP_{it}) + \delta_2\log(GDP_{it}^2) \\ + \delta_3 Factor1(\text{or}\ \ Factor2)_{it} + \delta_4\log(GDP_{it}) \\ \times Factor1(2)_{it} + \delta_5\log(GDP_{it}^2) \times Factor1(2)_{it} \\ + \delta_6 DEPENDENT_{it} + \delta_7 INTENSITY_{it} \\ + \delta_8 RND_{it} + \varepsilon_{it} \qquad (3-31)\end{aligned}$$

여기서, $CO2_{it}$: i국가의 t연도의 1인당 탄소배출량으로서 탄소배출량(ton)÷총인구

GDP_{it} : i국가의 t연도의 1인당 GDP

$Factor1$: 주요 관심변수 1

$Factor2$: 주요 관심변수 2

$DEPENDENT$: i국가의 t연도의 무역의존도

$INTENSITY$: i국가의 t연도의 자본집약도

RND : i국가의 t연도의 R&D 규모

9.3 최근 관련 연구

Grossman and Krueger(1995)는 대기오염물질과 1인당 소득 간의 관계는 소득수준이 증가함에 따라 초기에는 환경오염 수준도 함께 증가하다가 소득전환점(threshold)을 넘어서면서 소득수준과 환경오염 수준이 역의 관계를 갖는다는 연구결과를 제시하고 있다. 즉 1인당 국민소득 1만 달러 기준으로 소득전환점이 나타나는 것으로 분석되었다. EKC의 존재는 경제성장이 초기에는 환경문제의 원인이 되지만 일정수준에 도달하면 경제성장이 환경문제로부터 분리가능한

(decoupling) 양립가능한 상태에 이르게 됨을 제시하고 있다.

Halkos and Tsionas(2001)는 61개국에 대한 횡단면 자료를 이용하여 CO2 배출과 소득 간의 단조적 관계를 확인하였으며, 다양한 함수유형을 CO2 배출과 소득 간의 관계에 적용하여 OECD 국가의 경우 EKC의 존재가 강건하게 나타남을 보였고, 비OECD 국가는 EKC 존재가 강건하지 못함을 보여주었다.

Iwata et al.(2012)은 OECD 11개국의 CO2 배출량과 경제성장 간의 EKC 존재 여부를 ARDL모형을 이용하여 검증하였고, 에너지 소비가 CO2 증가의 주요 요인이고 무역의 효과는 없는 것으로 나타났다. 또한 한국, 일본, 스페인 및 핀란드에서 장기적인 EKC효과가 나타났으나 핀란드만이 이 효과가 관찰되었다는 연구결과를 제시하고 있다.

9.4 참고문헌

Grossman, G. M. and Krueger, A. B. 1995. Economic Growth and the Environment, *Quarterly Journal of Economics*, 110(2), 353-377.

Halkos, G. E. and Tsionas, E. G. 2001. Environmental Kuznets Curves: Bayesian Evidence from Switching Regime Models. *Energy Economics*, 23: 191-201.

Iwata, H., Okada K., and S., Samreth. 2012. Empirical study on the determinants of CO_2 emissions: evidence from OECD countries. *Applied Economics*, 44(27): 3513-3519.

10 조세형평성 : 수직적 · 수평적 · 교환적 형평성

10.1 개념과 측정모형[17)]

어떤 원칙에 따라 조세제도를 설계해야 바람직한지는 조세연구의 핵심 연구문제이다. Adam Smith는 조세원칙으로 조세 4원칙인 ① 공평의 원칙, ② 명확성 원칙, ③ 편의의 원칙, ④ 최소징세비의 원칙을 제시하였다. Adolf Wagner는 9원칙으로서 재정정책적 원칙인 ① 과세의 충분성과 ② 과세의 탄력성, 국민경제적 원칙인 ③ 바른 세원(稅源)의 선택과 ④ 바른 세종(稅種)의 선택, 공정의 원칙으로 ⑤ 과세의 보편성과 ⑥ 과세의 공평성, 그리고 세무행정상의 원칙으로 ⑦ 과세의 명확성, ⑧ 과세의 편의성 및 ⑨ 최소징세비의 노력을 제시하였다. 또한 Richard Musgrave는 조세의 7원칙으로서 ① 세수의 충분성, ② 조세부담의 공평성, ③ 조세부담자, ④ 중립성(효율성), ⑤ 경제안정과 성장, ⑥ 명확성 및 ⑦ 세무행정비용 등의 최소성을 제시하고 있다.

한편, 다양한 연구자들의 조세원칙을 종합한 현대적인 현대의 조세원칙은 형평성, 효율성(중립성) 및 간소성이라는 3원칙으로 정리될 수 있다. 이러한 조세 3원칙 간에는 상충관계가 존재하여 동시에 충족하기는 현실적으로 어려운 면이 있다. 그리고 이와 같은 3원칙과 더불어 개방국가가 갖추어야 할 또 하나의 중요한 원칙으로 개방경제 및 국제화의 진전에 따른 국제적 조화와 협력이 있다.

이러한 조세원칙을 적용하기에 앞서 기본적으로 전제가 되는 것은 충분한 세수확보라고 할 수 있다(조세의 주기능이기 때문이다). 현대 조세국가 재정수입의 대부분은 조세수입이며, 바람직한 조세제도를 상정하기 전 기본적으로 충분한 세수의 확보를 고려해야 할 것이다. 물론 정책수단으로 이용되는 세목은 세수확보가 목적이 아니므로 중요하지 않다고 볼 수도 있다. 그러나 조세의 본원

17) 국회예산정책처(2018)의 "한국 조세제도의 발전과정과 현황" 내용을 위주로 정리하였다.

적 기능은 정부의 재원조달의 수단으로 정책목적의 부차적 기능에 의해 무시될 수 있는 것은 아니다. 따라서 충분한 세수확보는 조세원칙을 적용하기 전에 기본적인 전제로 이해하는 것이 바람직하다.

여기서는 조세원칙 중 형평성에 초점을 두고 설명하고자 한다. 조세제도에 있어 형평성은 세제의 기본원칙 가운데 가장 중요한 항목이다. 조세는 권력적 강제성 때문에 헌법에서 보장하고 있는 국민의 재산권에 대한 침해적 성격을 가지고 있으므로 국민 각자가 공평하게 분담할 필요가 있다. 국가가 공공서비스를 제공하기 위해 필요로 하는 재원의 양은 일정하므로 어느 한쪽의 부담이 줄어든다면 다른 한쪽은 그만큼 늘어날 수밖에 없다. 그러므로 국민 각자가 부담해야 할 조세수준은 공평해야 한다. 그렇다면 조세제도에서 어떠한 방법으로 형평성을 실현해야 하는지의 문제로 귀결된다.

이러한 공평한 배분을 위해 고찰되는 것이 수평적 형평성, 수직적 형평성 및 세대 간의 형평성이다. 수평적 형평성은 동일한 부담능력을 가진 사람은 같은 금액의 조세를 납부해야 한다는 원칙이며 아무리 경제적 상황이 변한다 해도 지켜져야 할 가장 기본이 되는 공평의 원칙이다. 수직적 형평성은 능력이 큰 사람은 능력이 작은 사람보다 많은 금액의 조세를 납부해야 한다는 원칙이다. 이는 부담능력에 차이가 있다면 부담하는 세액 역시 차이가 있어야 한다는 것이다.

설문을 통한 패널 자료를 활용한 실증분석연구에서는 형평성을 일반적으로 다음의 세 가지의 유형으로 분류하여 제시하고 있다. 첫째, 수평적 형평성(horizontal equity)으로 소득이나 지출 등이 유사한 다른 납세자들에 비해 상대적으로 불공정한 취급을 받지 않는 것을 의미한다. 둘째, 수직적 형평성(vertical equity)으로 소득수준이 다른 납세자와 상대적으로 다른 취급을 받는 것을 의미한다. 즉 수직적 공평성은 소득수준에 따른 과세의 형평성을 의미하며, 흔히 누진세율에 의해 설명될 수 있다. 셋째, 교환적 형평성(exchange equity)은 납세자들이 납부한 세금에 대해 정부로부터 받는 혜택이나 서비스가 공정한 것을 의미한다. 따라서 이러한 세 가지의 형평성 변수를 다음과 같이 측정할 수 있다.

- 수직적 형평성 변수: 본인의 경제적 능력에 비해 납부하는 세금의 수준
- 수평적 형평성 변수: 소득이 유사한 그룹과 비교할 때 본인의 세부담수준
- 교환의 형평성 변수: 본인이 납부한 세금수준과 비교하여 정부로부터 받은 혜택수준 (What do you think of the benefits from the government compared to the tax you paid?")

질문	매우 낮은 수준	약간 낮은 수준	적절한 수준	약간 높은 수준	매우 높은 수준
본인의 경제적 능력에 비해 납부하는 세금의 수준	5점	4점	3점	2점	1점
본인의 경제적 능력과 비슷한 납세자들과 비교하여 부담하는 세금의 수준	5점	4점	3점	2점	1점
본인이 납부했던 세금과 비교해 볼 때 정부로부터 받은 혜택의 수준	1점	2점	3점	4점	5점

Jun and Yoon(2018)의 조세형평성변수를 활용한 연구에서 다음과 같은 연구모형을 구성하였다. 즉 각 형평성변수에 종교 및 사회경제적 변수가 어떠한 영향을 미치는지를 분석하고 있다.

> A progressive tax system is unfavorable for high-income taxpayers with respect to exchange inequity because higher-income taxpayers face a higher marginal tax rate. They get no more benefits than lower-income taxpayers. Therefore, it is posited that they will perceive the exchange relationship with the government as more inequitable. Taxpayers in higher tax brackets gain more by evading and, thus, if presented with opportunities to cheat, are more tempted to engage in tax noncompliance to reduce their tax dues. They are likely to judge the tax system as less favorable, compared to others in a

similar income group because they are expected to be susceptible to a self-serving bias. Likewise, they will evaluate the tax system as more favorable to lower-income earners.

Those who are self-employed with business income would perceive taxpaying as more painful, considering the amount of time and effort involved. Hence, they will reveal more negative attitudes toward exchange equity. Moreover, they have more opportunities to hide income that is not subject to third-party reporting. If they take this fact into consideration, they will evaluate the tax system as more favorable to them in terms of horizontal equity. Alternatively, if they believe much time and effort is required to earn their income, they will perceive taxpaying as a more painful loss and, thus, perceive the tax system as horizontally inequitable. This parallels studies on income source and tax behaviors, which suggest the amount of time and effort required to generate income affects compliance. With income level and income source, we consider other demographic variables of interest that can capture different taxpayer categories. The multinomial logit model in the analysis of vertical equity (three cases of simple logit model) and the ordered probit model in the analysis of exchange (horizontal equity (Equation(2)) are applied. The regression models are illustrated in the following equations:

where,

$$
\begin{aligned}
ExchEq = \beta_0 &+ \beta_1 RELIGIOSITY(RELIGION) + \beta_2 HIGH + \beta_3 BIZ + \beta_4 ASSET \\
&+ \beta_5 CONSUME + \beta_6 DEP + \beta_7 HOUSE + \beta_8 MAR + \beta_9 AGE \\
&+ \beta_{10} EDU + \beta_{11} GENDER + \beta_{12} METRO + \varepsilon \qquad (5)
\end{aligned}
$$

$$
\begin{aligned}
HorizEq = \beta_0 &+ \beta_1 RELIGIOSITY(RELIGION) + \beta_2 HIGH + \beta_3 BIZ + \beta_4 ASSET \\
&+ \beta_5 CONSUME + \beta_6 DEP + \beta_7 HOUSE + \beta_8 MAR + \beta_9 AGE \\
&+ \beta_{10} EDU + \beta_{11} GENDER + \beta_{12} METRO + \varepsilon \qquad (6)
\end{aligned}
$$

$$
\begin{aligned}
VertEq = \beta_0 &+ \beta_1 RELIGIOSITY(RELIGION) + \beta_2 HIGH + \beta_3 BIZ + \beta_4 ASSET \\
&+ \beta_5 CONSUME + \beta_6 DEP + \beta_7 HOUSE + \beta_8 MAR + \beta_9 AGE \\
&+ \beta_{10} EDU + \beta_{11} GENDER + \beta_{12} METRO + \varepsilon \qquad (7)
\end{aligned}
$$

ExchEq : Exchange equity denotes the five-point scale for the question, "What do you think of the benefits from the government compared to the tax you paid?" as follows : 1—"Very low," 2—"Generally low," 3—"Adequate," 4—"Generally high," and 5—"Very high."
HorizEq : Horizontal equity denotes the five-point scale for the question, "What do you think of your tax burden compared to that of counterparts with similar incomes?" as follows : 1—"Very high," 2—"Generally high," 3—"Adequate," 4—"Generally low," and 5—"Very low".
VertEq : Vertical equity denotes the answers to the question, "What do you think of the current tax system?" as follows : 1—"It is an equitable system that reflects income level," 2—"It favors high-income earners," 3—"It favors middle-income earners," and 4—"It favors low-income earners". This questionnaire consists of multinomial variables ranging from 1 to 4, but in the analysis of this study, there are three cases : neutral versus high-incomers favorable, neutral versus middle-incomers favorable, and neutral versus low-incomers favorable.

10.2 최근 관련 연구

강민조(2017)는 조세부담의 공정한 배분 및 정부와의 교환형평성에 대한 인식이 자발적 소득보고에 미치는 유의적 영향을 분석한 결과, 자신의 세부담에 대한 인식과 수평적 공평성에 대한 긍정적 인식은 가상적 조세상황에서의 성실납세의향에 긍정적인 영향을 미친 반면, 교환적 형평성과 수직적 공평성에 대한 인식이 부정적일수록 가상적 상황에서 보다 정직한 세금신고를 선택하는 성향이 있음을 주장하였다. 이러한 분석결과를 통해 조세형평성에 대한 인식과 조세순응의 관계는 심리적 저항이론으로 설명하기 어려운 복잡한 역학관계가 존재한다고 주장하였다.

박명호와 백웅기(2019)는 납세순응행위의 결정요인을 성실납세의향변수, 사회적 규범 변수 및 조세형평성변수 등 3가지 변수로 구분한 후 이들 변수가 국세청의 신뢰에 미치는 영향을 분석한 결과, 국세청에 대한 신뢰변수는 사회적 규범과 조세형평성변수들에 긍정적인 영향을 미칠 수 있다는 결과를 제시하고 있다. 이 결과는 국세청에 대한 신뢰변수가 다양한 경로를 통해 자발적인 납세순응행위에 영향을 줄 수 있는 가능성을 나타낸다는 근거로서 국세청에 대한 신뢰변수는 탈세를 발각할 가능성이 높다고 인식할수록, 납세순응비용이 낮다고 인식할수록, 세무처리 시 국세청이 공정하게 대우할 것으로 인식할수록 높아지는 경향을 나타내는 것으로 해석하고 있다.

Jun and Yoon(2018)은 수직적 형평성, 수평적 형평성 및 교환적 형평성에 종교 및 사회경제변수가 미치는 영향을 분석한 결과, 신앙심이 깊을수록 수직적 형평성에 영향을 미치는 반면, 교환적 형평성과 수평적 형평성에는 통계적으로 유의한 영향을 미치지는 않는다는 결과를 제시하고 있다. 이에 반해 보유자산수준, 소비수준, 연령, 학력 및 결혼 여부 등 인구통계학적 변수들은 조세형평성에 영향을 미친다는 연구결과를 제시하고 있다.

10.3 참고문헌

강민조. 2017. 우리나라 납세자의 조세순응 의도의 결정요인에 관한 실증연구. 세무학연구, 34(3): 309-331.

국회예산정책처. 2018. 한국 조세제도의 발전과정과 현황.

박명호, 백웅기. 2019. 정부신뢰와 납세순응—국세청에 대한 신뢰를 중심으로—. 세무와 회계연구, 8(1): 93-138.

Jun, B. W., and S. M., Yoon. 2018. Taxpayer's Religiosity, Religion, and the Perceptions of Tax Equity: Case of South Korea. *Religions*, 9: 1-15.

4 장 관리회계 및 회계감사의 주요 측정모형

1. 원가의 하방경직성
2. 원가의 이전현상
3. 비정상 감사보수 및 비정상 감사시간
4. 감사품질과 감사인의 산업전문성

- 연구모형을 활용한 회계학연구의 이해 -

4 장 | 관리회계 및 회계감사의 주요 측정모형

1 원가의 하방경직성

1.1 개념과 측정모형

원가의 하방경직성(cost stickiness)은 매출이 증가할 때 원가가 증가하는 비율보다 매출이 감소할 때 원가가 감소하는 비율이 낮게 변화함으로써 나타나는 비대칭적인 원가행태(asymmetric cost behavior)로 정의된다.

전통적인 원가의 행태는 매출증가 시 원가증가율과 매출감소 시 원가감소율이 동일한 대칭적 원가행태를 가정하고 있다. 그러나 Anderson et al.(2003)의 연구부터는 비대칭적 원가행태를 가정하고 있다. 즉 [그림 4-1]의 (1)과 같이 매출증가 시 원가증가율보다 매출감소 시 원가감소율이 작게 나타나는 하방경직적 원가행태(cost stickiness)와 (2)의 매출증가 시 원가증가율보다 매출감소 시 원가감소율이 크게 나타나는 하방탄력적 원가행태(cost anti-stickiness)이다(정형록, 2015).

Anderson et al.(2003)은 판매비와관리비를 구성하는 많은 원가요소가 매출액에 의해 유발되기 때문에 포괄손익계산서에서 쉽게 구할 수 있는 매출액과 판매비와관리비 자료를 이용하여 매출액 증감에 따른 판매비와관리비의 원가행태에 대한 비대칭성 여부를 분석하였다(안태식, 2004). 또한 Anderson et al.(2003)은 경영자가 조정비용의 존재로 인하여 조업도가 증가할 때 기정자원을 확대하는

[그림 4-1] **비대칭적 원가행태**

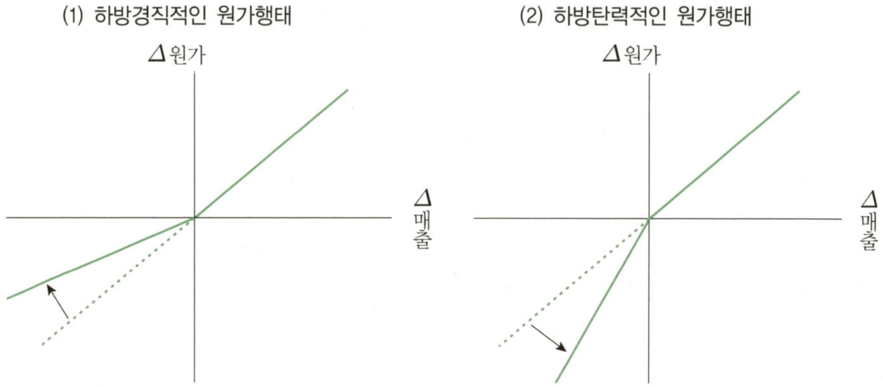

출처: 정형록(2015)

의사결정 속도에 비해 조업도가 감소할 때 기정자원을 축소시키는 의사결정 속도가 느리기 때문에 원가하방경직성이 발생한다고 하였다. 당장에 기정자원을 감소시키는 데 소요되는 조정비용이 향후 기정자원을 다시 확대하는 데 소요되는 조정비용에 비해 크기 때문에 이들의 주장이 설득력이 높다 할 수 있다. 이들의 연구가 시사하는 중요한 점은 조정비용의 크기가 원가하방경직성의 강도를 결정한다는 것이다. 즉 만약 기정자원을 축소시키는 조정비용이 크다면 원가하방경직성이 존재하고, 반대로 기정자원을 축소시키는 조정비용이 작다면 하방경직성이 작거나 하방탄력성이 존재한다는 것이다.

김미옥 등(2014)은 이러한 비대칭적 원가행태의 원인을 회계적 관점, 경제적 관점 및 행태적 관점 등 세 가지 관점으로 설명하고 있다.

첫째, 회계적 관점에서 기존의 활동수준보다 실제 활동수준이 작은 경우, 고정예산과 변동예산 간에 유리하지 않은 차이가 발생한다. 이는 단위당 제조원가 배부액이 증가하여 비대칭적 원가행태를 나타나게 된다. 즉 고정원가 특성을 지닌 원가항목이 많은 기업의 경우, 매출증가 시에 비해 매출감소 시 원가가 덜 감소할 수 있다.

둘째, 경제적 관점에서 당기매출감소가 일시적인 현상이며 미래의 경제상황이 좋아질 것이라는 경영자의 낙관적인 기대에 의해, 그리고 조정원가의 크기에 의해 즉각적인 원가감소가 이루어지지 않아 원가의 하방경직성이 나타날 수 있다.

셋째, 행태적 관점에서 경영자는 기업의 주주보다는 대리인인 경영자 자신의 이익을 우선시하기 때문에 원가의 비대칭적 구조가 발생하며 하방경직성이 나타날 수 있다. 즉 매출이 감소할 때 경영자가 설비감축보다는 유휴자원 유지를 선호하여 판매비와관리비의 하방경직성이 나타날 수 있으며, 경영자의 도덕적 해이로 인해 규모 축소의 기피할 유인이 나타나 원가의 하방경직적인 행태가 나타날 수 있다.

원가하방경직성(cost stickiness)의 가장 대표적인 연구는 Anderson et al.(2003)의 연구로 이후 재무제표를 활용한 다양한 연구가 수행되고 있다. 이들은 원가하방경직성 측정모형을 개발하고 판매비와관리비가 매출의 감소 시에 하방경직성을 나타내지만, 이는 기업의 특성에 따라 다르게 나타날 수 있음을 주장한다.

그러나 이 모형은 개별 기업별로 하방경직성 정도를 측정할 수 없는 한계를 가지고 있다. 이에 Homburg and Nasev(2008)는 전기보다 당기에 매출이 감소할 때 매출액 대비 원가의 비율증가 정도를 개별 기업별로 측정하여 개별 기업의 원가하방경직성 수준으로 측정하는 방법론을 제시하였다. 또한 Weiss(2010)는 하방경직성을 매출이 증가한 가장 최근 분기의 원가증가율과 매출이 감소한 가장 최근 분기의 원가의 감소율의 차이로 개별 기업별로 측정하는 방법론을 제시하였다.

원가하방경직성 연구는 대체로 Anderson et al.(2003), Homburg and Nasev(2008) 및 Weiss(2010)의 모형을 활용하고 있다. 원가하방경직성에 대한 국내 선행연구들은 Anderson et al.(2003)의 모형을 가장 많이 사용하고 있으며, 연구대상은 원가행태의 결정요인이 주를 이루고 있다(정형록, 2015). Anderson et al.(2003)의 모형을 이용한 연구는 최근 권세원 등(2018)은 재벌기업이 비재벌기업에 비해 연구개발투자에 하방경직적인 원가행태를 보이고 있음을 보고하였으며, 양성직 등(2016)은 조세전략을 실행할수록 그리고 낙관적인 상황보다는 비관적인 상황에서, 법인세율 인하 직전년도에 조세혜택이 원가하방경직성을 강화시킨다는 연구결과를 제시하고 있다. 또한 나영과 김정우(2016)는 보유 현금·자본적 지출의 증가와 과잉투자가 원가의 하방경직성을 강화한다고 분석하여 경영자의 과신성향이 하방경직성에 영향을 미치는 것으로 보고하고 있다.

Weiss(2010) 모형을 이용한 연구는 다음과 같다. 정광화와 이동헌(2016)은 원가가 하방경직적일수록 회계이익과 세무이익의 차이가 감소한다고 보고하고 있다. 김새로나와 양동훈(2012)은 원가하방경직적인 원가행태를 보이는 기업은 경제적 이득보다 손실이 더 반영되고, 재무상태가 좋지 않은 경우 원가가 하방경직적일수록 더 보수적인 회계처리를 하고 있다는 연구결과를 제시하고 있다.

1.1.1 Anderson et. al.(2003)

Anderson et al.(2003)의 기본모형을 나타내는 식 (4-1)에서 β_1 계수는 매출이 1% 증가할 때, 증가하는 원가의 비율(원가증가율)을 나타낸다. 그리고 원가의 하방경직성을 측정하기 위한 더미변수(SD)는 t-1기간에 비해 t기간의 매출이 감소하면 1, 그렇지 않으면 0으로 정의되어, 매출이 감소할 때는 감소더미(SD) 값이 1이므로 $(\beta_1+\beta_2)$가 매출이 1% 감소할 때 감소하는 원가의 비율을 나타내게 된다.

만약 원가가 하방경직적이라면 매출증가에 따른 원가변동은 매출감소에 따른 원가변동보다 더 크기 때문에 $\beta_2<0$이 된다.

$$\ln\left(\frac{Cost_{it}}{Cost_{it-1}}\right)=\beta_0+\beta_1\ln\left(\frac{Sales_{it}}{Sales_{it-1}}\right)+\beta_2SD_{it}\times\ln\left(\frac{Sales_{it}}{Sales_{it-1}}\right)+Controls+\varepsilon_{it} \tag{4-1}$$

일반적인 주요 관심변수(dummy)와 원가하방경직성을 분석하기 위한 모형은 식 (4-2)와 같이 설계된다. 원가의 하방경직성이 존재하는 상황($\gamma_2 < 0$)에서 Dummy로 인해 원가하방경직성이 더 강화가 된다면 γ_3은 음(−)의 계수($\gamma_3 < 0$)를 나타내며, ($\gamma_1 + \gamma_2 + \gamma_3$)는 Dummy로 인해 매출이 1% 감소할 때, 감소하는 원가의 비율(원가감소율)을 의미한다.

$$\ln\left(\frac{Cost_{it}}{Cost_{it-1}}\right) = \gamma_0 + \gamma_1 \ln\left(\frac{Sales_{it}}{Sales_{i-1}}\right) + \gamma_2 SD_{it} \times \ln\left(\frac{Sales_{it}}{Sales_{it-1}}\right) + \gamma_3 Dummy_{it} \times SD_{it} \times \ln\left(\frac{Sales_{it}}{Sales_{it-1}}\right) + Controls + \varepsilon_{it} \qquad (4-2)$$

여기서,

$Cost$: 총원가로서 매출원가 + 판매비와관리비

$Sales$: 매출액

SD : 전년 대비 매출액이 감소하면 1, 그렇지 않으면 0의 값을 갖는 더미변수

$Dummy$: 주요 관심변수(더미변수로 정의)

$Controls$: 통제변수

$BIG4$: 외부감사인이 BIG4(안진, 삼일, 한영, 삼정)인 경우이면 1, 그렇지 않으면 0의 값을 갖는 더미변수

OPN : 외부감사인의 의견이 '적정'이면 1, 그렇지 않으면 0의 값을 갖는 더미변수

$SIZE$: 기업규모 = 총자산의 로그값

LEV : i기업 t연도의 부채비율(= 총부채/총자산)

ROA : i기업 t연도의 총자산 순이익률(= 당기순이익/총자산)

CFO : i기업 t연도의 영업활동현금흐름(= CFO/총자산)

$\sum YD$: 연도더미

통제변수(controls)로는 일반적으로 BIG4, 기업규모, 부채비율, ROA, 영업현금흐름, 산업더미변수와 연도더미변수를 사용한다.

한편, Anderson et al.(2003) 측정모형은 다음과 같은 특징과 한계점을 가지고 있다. 첫째, 내부 원가 자료가 아닌 공개된 재무제표 자료를 통한 원가행태를 분석한다는 특성이 있다. 둘째, 횡단면적인 원가의 하방경직성을 측정하고 이러한 원가하방경직성을 결정하는 요인들을 분석할 수 있다. 그러나 원가의 하방경직

성을 독립변수로 하는 분석에는 한계가 있으며, 개별 기업별 하방경직성 정도를 측정하지 못하는 한계도 존재한다.

따라서 Homburg and Nasev(2008)와 Weiss(2010)는 개별 기업별로 원가하방경직성 정도를 측정하는 방법론을 제시하였다.

1.1.2 Homburg and Nasev(2008)

Anderson et al.(2003) 모형은 횡단면적으로 측정되기 때문에 개별 기업별로 하방경직성이 측정되지 않는다는 한계점에 착안하여, Homburg and Nasev(2008)는 매출액이 감소할 때 비용 대비 매출액의 비율이 증가하는 정도를 개별 기업의 하방경직성으로 측정하였다. 즉 매출이 감소할 때 원가를 적극적으로 감소시키지 않는다면, 당기의 매출에 대한 원가의 비율이 전기의 매출에 대한 원가의 비율보다 더 큰 값을 가지므로 하방경직성이 발생한 기업은 양(+)의 값을 가지게 된다.

Homburg and Nasev(2008) 모형에서는 HN_Sticky값이 높을수록 하방경직성이 높은 것으로 해석하고, 전기 대비 연간 자료를 통해 측정한다. 특히 이렇게 측정된 HN_Sticky는 종속변수 또는 주요 관심변수로 정의하여 분석모형을 구성할 수 있다는 장점이 있다.

$$HN\_Sticky_{it}=\left(\frac{COST_{it}}{SALES_{it}}-\frac{COST_{it-1}}{SALES_{it-1}}\right)\times SD_{it}\times CD_{it} \qquad (4-3)$$

여기서,

HN_Sticky : Homburg and Nasev(2008)의 원가하방경직성

$COST$: 총원가 또는 개별 원가(매출원가, 관리비, 판매비 등)

$SALES$: 매출액

SD : 전년도 대비 매출액이 감소하면 1, 그렇지 않으면 0

CD : $Cost-Signal$이 1보다 작으면 1, 그렇지 않으면 0

$Cost-Signal$: $(Cost_{it}/Sales_{it})-(Cost_{it-1}/Sales_{it-1})$

1.1.3 Weiss(2010)

Weiss(2010) 이전의 선행연구들은 원가의 하방경직성 측정을 위해 주로 Anderson et al.(2003)의 모형을 사용하였고, 원가의 하방경직성과 같은 기업내부의 원가에 관한 의사결정이 기업특성에 의해 영향을 받는 내생적 변수라는 점에 초점을 두고 경영자의 낙관적인 기대, 지배구조, 산업특성, 과잉투자 및 이익조정 등과의 관련성을 분석하였다.

그러나 Weiss(2010)의 연구부터는 비대칭적 원가행태에 대한 연구에서 다른 관점에서의 접근이 이루어지고 있다. 즉 원가 비대칭성에 관한 경영자의 선택이 단순히 기업환경에 의해 영향을 받는 내재적 속성뿐만 아니라 회계정보를 활용하는 자본시장 참여자에게 영향을 미치는 외생변수로서의 특성을 나타낸다는 것이다(박애영, 2014).

이러한 분석이 가능할 수 있는 이유는 Weiss(2010)의 방법론으로 측정한 원가 하방경직성이 개별 기업별로 측정될 수 있다는 점이다. Anderson et al.(2003)의 경우, 횡단면적으로 측정하기 때문에 원가의 하방경직성의 유무는 측정할 수 있으나 개별 기업의 원가가 다른 변수에 미치는 외생변수로서의 특성은 측정할 수 없다는 한계점을 가지고 있다. Weiss(2010)는 개별 기업의 원가의 비대칭 정도를 분기별 매출이 감소할 때 원가가 감소하는 비율과 매출이 증가할 때 원가가 증가하는 비율의 차이로 측정하였다.

원가의 하방경직성(W_Sticky)변수는 작아질수록 원가가 하방경직적인 형태를 가지며, 반대로 커질수록 하방탄력적인 것을 의미한다(inverse measure).

STICK이 0보다 작을수록 원가의 비대칭성이 커지고 하방경직적인 것을 의미한다. 반대로 STICK이 증가할수록 원가가 탄력적이라고 해석할 수 있다. 따라서 W_Sticky의 부호에 음(−)을 곱하여 해석하는 것이 일반적이다.[1)]

1) 또한 4분기 동안 매출이 계속 감소 혹은 계속 증가하는 것은 측정에서 제외하여 해석의 명확성을 제고시키는 것이 일반적이다.

$$W\_sticky = \log\left(\frac{\Delta COST_{i\tau}}{\Delta SALES_{i\tau}}\right) - \log\left(\frac{\Delta COST_{i\bar{\tau}}}{\Delta SALES_{i\bar{\tau}}}\right) \quad (4-4)$$

여기서,

τ : 최근 4분기 중 매출이 감소하는 분기

$\bar{\tau}$: 최근 4분기 중 매출이 증가하는 분기

$\Delta SALES$: 당분기의 매출액 − 전분기의 매출액

$\Delta COST$: (당분기의 매출액 − 당분기의 계속사업이익) − (전분기의 매출액 − 전분기의 계속사업이익)

1.2 최근 관련 연구

정훈과 백혜원(2019)은 수주산업에서 계약 종료가 다가올수록 수익인식이 과소하게 이루어지는지 실증분석을 수행한 결과, 기업의 전반적인 진행률이 높아질수록 매출액이 감소하는 경우 매출액이 증가하는 경우보다 비용이 덜 감소하는 하방경직적인 행태가 나타난다는 연구결과를 제시하였다. 즉 계약 종료 시에 근접하는 수주계약이 많을수록 수익인식은 이전 기간의 과대인식으로 인해 과소하게 인식되고, 비용은 추정 총계약원가와 실제원가와의 차이를 인식하여 하방경직성이 나타난다고 해석하고 있다.

홍영은 등(2020)은 Homburg and Nasev(2008)가 제안한 개별 기업수준의 하방경직적 원가행태 정도와 주별 수익률의 조건부 음(−)의 왜도값 및 주식수익률의 변동성의 비대칭성 정도를 주가급락의 대용치로 보고 이들 간의 관계를 분석하였다. 분석결과, 하방경직적 원가행태 수준이 높을수록 주가급락위험이 낮은 것으로 나타났다. 이 연구는 비대칭적 원가행태 수준이 주가급락의 요인이 될 수 있음을 확인하였고, 경영자가 원가전략을 결정함에 있어 자본시장의 주가급락이라는 시장위험을 함께 고려해야 함을 시사하고 있다.

1.3 참고문헌

권세원, 최세라, 김범준, 이문영. 2018. 재벌기업의 연구개발투자 비대칭성에 대한 연구. 세무와 회계저널, 19(2): 209-230.

김미옥, 윤주철, 최연식, 정형록. 2014. 공공기관의 하방경직적 지출행태에 관한 연구. 한국행정연구, 23(4): 59-88.

김새로나, 양동훈. 2012. 기업수명주기, 원가의 비대칭성 및 보수주의. 관리회계연구, 12(2): 53-86.

나영, 이상훈(2016), IFRS 도입이 회계이익과 과세소득의 차이에 미치는 영향. 회계연구, 21(3): 201-229.

박애영. 2014. 코스닥 기업 경영자의 횡령과 원가의 하방경직성. 관리회계연구, 14(1): 1-32.

안태식, 이석영, 정형록. 2004. 한국제조기업의 비대칭적 원가행태. 경영학연구, 33(3): 789-807.

양성직, 김용식, 홍용식. 2016. 조세전략이 원가비대칭성에 미치는 영향. 회계저널, 25(3): 339-371.

정광화, 이동헌. 2016. 원가의 하방경직성이 경영자 예측 정보 특성에 미치는 영향. 관리회계연구, 16(2): 1-24.

정형록. 2015. 비대칭적 원가행태에 대한 연구동향. 관리회계연구, 15(2): 49-118.

정훈, 백혜원. 2019. 원가하방경직성 모형을 이용한 수주산업의 총계약원가 과소추정 행태에 관한 연구. 경영경제연구, 41(2): 51-77.

홍영은, 김수진, 박종국. 2020. 원가하방경직성은 주가급락에 영향을 미치는가? 관리회계연구, 20(2): 1-26.

Anderson, M., Banker, R. and Janakiraman, S. 2003. Are Selling, General and Administrative Costs Sticky? *Journal of Accounting Research*, 41: 47-63.

Homburg, C. and J. Nasev. 2008. How Timely are Earnings when Costs are Sticky? Implication for Link between Conditional Conservatism and Cost Stickiness. *Working Paper*. University of Cologne.

Weiss, D. 2010. Cost Behavior and analysts' earnings forecasts. *The Accounting Review*, 85(4): 1441–1471.

2 원가의 이전현상

2.1 개념

하나의 조직에 두 개 이상의 회계가 구분되는 경우 또는 형식적인 경제적 실체가 각각의 회계로 구분되어 있지만 실질적인 경제적 실체일 때, 각 회계 간 원가이전(cost shifting)현상을 검증하는 방법론을 설명하고자 한다. 원가이전의 유인은 세금절감, 이윤보상 극대화 또는 정치적 비용 등을 최소화시키기 위한 것으로 경제적 실체 전체의 세부담을 최소화시키거나 정부 등 계약상대방으로부터 이윤보상을 극대화시키기 위하여 보고이익을 최소화시키는 등 다양한 유인이 존재한다.

실증분석으로 원가이전현상을 분석한 연구는 비영리법인의 원가이전현상을 분석한 윤성만과 김노창(2010), 방산업체의 방산부문에서 민수부문으로의 원가이전을 연구한 허경과 송원균(2011), 용홍중 등(2015) 및 문재헌과 김영준(2017)이 있다.

특히 여기에서는 윤성만과 김노창(2010)의 수익사업과 겸영하는 비영리법인을 대상으로 고유목적사업부문에서 수익사업사업부문으로의 원가이전현상을 중심으로 측정모형을 설명하고자 한다.[2)]

비영리법인의 세무계획행위로서 고유목적사업부문에서 수익사업부문으로의 원가이전금액을 측정한 Yetman(2001)과 Hofmann(2007)의 방법론에 따라 이전 후의 수익사업의 총원가와 원가이전이 되지 않은 수익사업부문의 총원가를 추정한다. Sansing(1998)의 진실된 경제적 원가(true economic costs)를 추정할 만큼 표본 자료가 충분하지 않기 때문에, 원가가 인과관계(cause-and-effect relationship)에 따라 배분된다는 이론에 의해 비영리법인의 수익활동에서 발생

2) 이 내용은 윤성만과 김노창(2010)의 “공익법인의 세금유인에 의한 원가이전현상: 사회복지법인을 중심으로”, 조세연구 제10권 제2호에서 발췌한 내용이다.

된 각각의 원가들을 추정하고자 한다. 특히 Yetman(2001)과 Hofmann(2007)과 같이 비영리법인의 수익사업부문 총원가를 추정하여 이것을 진실된 경제적 원가로 정의하여 보고된 총원가와 비교하여 원가이전금액을 계산함으로써 원가이전현황을 분석한다.

2.2 측정모형

2.2.1 추정 변동원가의 할당

비영리법인의 총변동원가는 수익과 밀접한 인과관계를 가지고 있기 때문에, 면세대상이 되는 고유목적사업부문의 수익, 과세대상이 되는 수익사업부문의 수익, 그리고 투자수익(이자・배당・임대)이 각각의 인과관계에 의해 추정될 수 있다. 즉 비영리법인의 총변동원가는 각각의 수익을 발생시키기 위해 희생된(발생된) 원가이기 때문에 각각의 수익활동과의 상관관계에 따라 구분될 수 있다. 이러한 Yetman(2001)과 Hofmann(2007)의 방법론에 기초하여 식 (4-5)의 모형으로 각각의 수익별로 변동원가를 추정한다.

$$\Delta TOTAL\_COST_{it} = \alpha + \beta_1 \Delta TAX\_REV_{it} + \beta_2 \Delta EXEMPT\_REV_{it} + \beta_3 \Delta INVEST\_REV_{it} + \varepsilon_{it} \quad (4-5)$$

여기서,

$\Delta TOTAL\_COST$: 고유목적사업 및 수익사업부문의 원가(매출원가+판매비와관리비)의 합을 기초총자산으로 표준화한 값

ΔTAX_REV: 수익사업부문의 총매출액을 기초총자산으로 표준화한 값으로 과세대상임

$\Delta EXEMPT\_REV$: 고유목적사업부문의 총매출액을 기초총자산으로 표준화한 값으로 면세대상임

$\Delta INVEST\_REV$: 투자수익(이자・배당・임대소득)을 기초총자산으로 표준화한 값

식 (4-5)에서 추정된 $\widehat{\beta_1}$는 수익사업부문의 추가적인 과세소득 1원에 대한 손

금불산입되는 원가비율이다. 결국 손금불산입되는 수익사업의 총변동원가는 $\widehat{\beta_1}$과 수익사업부문의 과세소득(*TAX_REV*)을 곱한 금액이 된다. 이런 절차와 동일하게 다음 식 (4-6)~식 (4-8)에서와 같이, $\widehat{\beta_2}$와 면세대상이 되는 고유목적사업부문의 수익(*EXEMPT_REV*)의 곱은 고유목적사업의 총변동원가가 되고, $\widehat{\beta_3}$와 투자수익(*INVEST_REV*)의 곱은 투자수익의 총변동원가가 된다.

$$\text{수익사업부문의 총변동원가} = \widehat{\beta_1} \times TAX\_REV_{it} \tag{4-6}$$

$$\text{고유목적사업부문의 총변동원가} = \widehat{\beta_2} \times EXEMPT\_REV_{it} \tag{4-7}$$

$$\text{투자사업의 총변동원가} = \widehat{\beta_3} \times INVEST\_REV_{it} \tag{4-8}$$

위의 식 (4-6), 식 (4-7) 및 식 (4-8)의 합은 아래 식 (4-9)의 비영리법인의 총변동원가가 된다. 즉 비영리법인의 모든 수익(수익사업부문, 고유목적사업부문 및 투자수익)의 총변동원가(*TOTAL_Variable*)가 된다.

$$\begin{aligned} \Delta TOTAL\_Variable_{it} = & \widehat{\beta_1} \times TAX\_REV_{it} + \widehat{\beta_2} \times EXEMPT\_REV_{it} \\ & + \widehat{\beta_3} \times INVEST\_REV_{it} \end{aligned} \tag{4-9}$$

2.2.2 추정 고정원가의 할당

총고정원가(*TOTAL_Fixed*)[3]는 총원가(*TOTAL_COST*)에서 식 (4-9)의 방법으로 추정된 총변동원가(*TOTAL_Variable*)를 차감함으로써 추정된다.

---

3) 미국 세법상 이자소득, 배당소득 등 투자소득에 대하여 실발생 필요경비를 인정하고 있기 때문에 Yetman(2001)과 Hofmann(2007)은 투자소득에 대한 원가를 추정하였지만, 우리나라의 현행 세법에서는 투자수익 중 금융소득(이자, 배당)에 대해서는 필요경비를 인정하지 않으며, 임대소득에 대해서도 필요경비 인정범위가 매우 협소하다는 현실을 반영하여, 여기서 사용되는 총고정원가(*TOTAL_Fixed*)는 고유목적사업부문과 수익사업부문에서만 발생된 원가로 정의하기로 한다.

$$\begin{aligned} TOTAL\_Fixed_{it} &= TOTAL\_COST_{it} - TOTAL\_Variable_{it} \\ &= TOTAL\_COST_{it} - [\widehat{\beta}_1 TAX\_REV_{it} \\ &\quad + \widehat{\beta}_2 EXEMPT\_REV_{it} + \widehat{\beta}_3 INVEST\_REV_{it}] \end{aligned} \quad (4-10)$$

총고정원가는 고유목적사업부문과 수익사업부문의 고정원가로 구분될 수 있다. 즉 총고정원가에 대하여 영리와 수익사업부문의 매출액기준으로 안분할 수 있다. 즉 식 (4-11)과 같이 수익사업부문의 추정 총고정원가는 비영리법인 전체의 총고정원가에 총매출액에서 수익사업부문의 매출액이 차지하는 비율[4)]을 곱하여 계산된다.

수익사업부문 추정 총고정원가=

$$TOTAL\_Fixed_{it} \times \frac{TAX\_REV_{it}}{TAX\_REV_{it} + EXEMPT\_REV_{it}} \quad (4-11)$$

2.2.3 추정 총원가의 할당

위에서 수익사업부문의 총변동원가와 총고정원가를 추정하였다. 이렇게 추정된 원가를 합하여 수익사업부문의 추정 총원가를 구할 수 있다. 즉 식 (4-6)의 총변동원가와 식 (4-11)의 총고정원가를 합한 식 (4-12)의 Estimated_COST가 된다.

$$\begin{aligned} Estimated\_COST_{it} &= \widehat{\beta}_1 \times TAX\_REV_{it} + TOTAL\_Fixed_{it} \\ &\quad \times \frac{TAX\_REV_{it}}{TAX\_REV_{it} + EXEMPT\_REV_{it}} \end{aligned} \quad (4-12)$$

4) 그러나 Hofmann(2007)은 고유사업과 수익사업부문의 매출액비율이 아닌 각 부문별 추정 변동원가의 비율로 고정원가를 안분하였다. 즉 아래의 식과 같이 수익사업부문의 추정 총고정원가는 총추정 변동원가 중에 수익사업부문의 추정 변동원가가 된다.
수익사업부문 추정 총고정원가=

$$TOTAL\_Fixed_{it} \times \frac{\widehat{\beta}_1 TAX\_REV_{it}}{\widehat{\beta}_1 TAX\_REV_{it} + \widehat{\beta}_2 EXEMPT\_REV_{it}}$$

여기에 원가이전현상을 나타내는 식 (4-13)의 Cost_Shifting은 원가이전금액으로, 위의 식 (4-5)부터 식 (4-12)까지의 절차를 통해 추정한 수익사업부문의 총원가와 비영리법인이 손익계산서상에 보고한 수익사업부문의 총원가와의 차이를 통해 측정된다. 즉 식 (4-13)에서 손익계산서상에 보고된 수익사업부문의 총원가(Reported_COST)에서 지금까지의 절차를 통해 추정한 수익사업부문의 추정 총원가(Estimated_COST)를 차감한 금액이 조세절감유인에 의해 원가가 이전된 금액(Cost_Shifting)이 된다.[5] 따라서 만약 원가이전금액이 0보다 큰 값을 갖는다면 고유목적사업부문에서 수익사업부문으로 원가이전이 된 상황이며, 0보다 작은 값을 갖는다면 오히려 원가이전이 수익사업부문에서 고유목적사업부문으로 이전된 상황으로 해석하면 될 것이다.

$$Cost-Shifting_{it} = Reported\_COST_{it} - Estimated\_COST_{it} \qquad (4-13)$$

2.3 최근 관련 연구

윤성만과 김노창(2010)은 Scholes and Wolfson(1992)이 제시한 조직형태를 이용한 세무계획(tax planning)의 일환으로 공익법인의 조세부담을 줄이기 위하여 과세의 대상이 되는 소득을 면세가 되는 조직을 통해 면세소득으로 전환하는 전략을 통해 법인의 조세부담을 최소화하는지를 분석하였다. 분석결과, 고유목적사업과 수익사업을 함께 운영하는 사회복지법인은 조직형태에 따른 조세상 취급의 차이(차별적 과세체계)를 이용하여 고유목적사업에서 수익사업으로 원가를 이전하고 있으며, 사회복지법인의 원가이전금액은 법인 평균 약 9억원(절감세액이 약 2억원)으로 추정하였다.

5) 만약 Cost Shifting변수를 연속변수로 정의하여 실증분석모형을 구성할 경우에는 비영리법인의 총매출액으로 표준화한 값이 조세절감유인에 의해 원가가 이전된 금액이다. 즉 $Cost-Shifting_{it} = \dfrac{Reported\_COST_{it} - Estimated\_COST_{it}}{TOTAL\_REV_{it}}$ 으로 정의할 수 있다.

문재헌과 김영준(2017)은 정부와 방산업체들 간의 계약이 원가보상형 개산계약이 대부분이기 때문에 산업체들은 기업의 이윤 추구 및 협상력 제고를 위하여 원가를 조정할 유인이 존재할 것으로 예상하여, 원가이전현상을 분석하였다. 분석결과, 민수분야의 매출 비중이 큰 기업일수록 원가이전의 현상이 발생하였고, 정치경제적 비용을 최소화하고, 이윤을 유연화한다는 연구결과를 제시하였다.

용홍중 등(2015)은 방위산업을 대상으로 이익을 극대화하기 위하여 민수부문에서 발생한 원가를 방산부문으로 이전하는 기회주의적 행태를 보이는지를 실증적으로 분석하였다. 분석결과, 방산업체들의 원가이전금액이 평균적으로 양(+)의 값이었는데, 이는 국내 방위산업체들이 민수부문에서 방산부문으로 원가를 이전하여 이익을 관리한다는 증거라고 해석하고 있다. 특히 이러한 방위산업체의 원가이전현상은 방산부문의 매출액 비중에 따라 증가하다가 다시 감소하는 역 U자 형태를 보였는데, 이는 재량권 발휘와 원가보상이 용이한 원가가산계약제도에 의한 거래실적, 국방획득제도의 개선활동과 이사회의 독립성 요인에 따라 원가이전의 규모가 달리질 수 있다고 주장하고 있다.

2.4 참고문헌

문재헌, 김영준. 2017. 방산업체 원가이전 분석에 관한 실증연구. 생산성논집, 31(4): 215-244.

용홍중, 정형록, 안태식, 박진하. 2015. 한국 방위산업의 원가이전활동. 회계저널, 24(6): 133-158.

윤성만, 김노창. 2010. 공익법인의 세금 유인에 의한 원가이전 현상. 조세연구, 10(2): 275-302.

허경, 송원균. 2011. 방산업체의 원가이전에 관한 연구. 한국군사학논집, 67(2): 245-277.

Hofmann, M. A. 2007. Tax-motivated expense shifting by tax-exempt associations. *Journal of the American Taxation Association*, 29(1): 43–60.

Sansing, 1998. The unrelated business income tax, cost allocation, and productive efficiency. *National Tax Journal*, 51: 291–302.

Yetman, R. J. 2001. Tax–motivated expense allocations by nonprofit organizations. *The Accounting Review*, 76(3): 297–311.

3 비정상 감사보수 및 비정상 감사시간

3.1 개념

주식회사 등의 외부감사에 관한 법률에 따라 감사인은 회사의 사업연도 개시일로부터 4개월 이내에 선임되어야 하므로 실제 분기 및 반기 검토, 중간감사, 기말감사절차가 수행되기 이전에 감사보수가 확정된다.[6)]

[그림 4-2] **감사업무 수행절차**

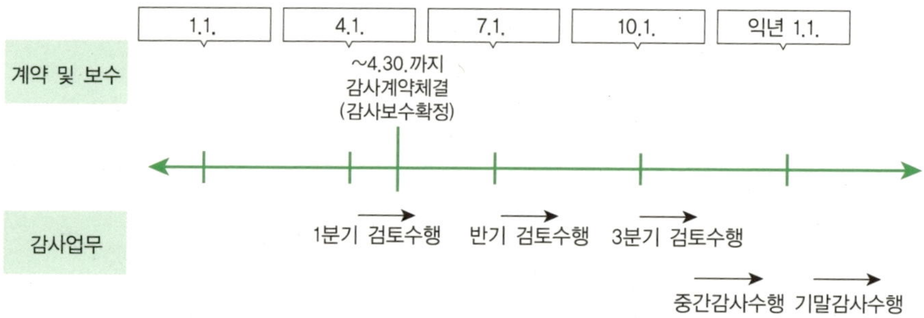

출처: 정훈 · 백혜원(2019)

감사인 입장에서 감사계약의 대상이 되는 해당 사업연도의 후속적인 회사 경영성과 변동성에 대한 위험프리미엄, 즉 예상치 못한 감사업무의 양적 또는 질적 추가적인 투입에 따른 대가를 요구할 수밖에 없으며 감사업무의 추가투입을 통해 회사의 비용인식이 확대될 가능성이 존재한다. 이러한 이유는 크게 두 가지로 구분하여 볼 수 있다.

첫째, 회사의 영업악화는 감사인의 감사범위 확대를 가져와 비용이 더 많이

6) '주식회사의 외부감사에 관한 법률' 제4조 제1항에서는 현행 외부감사법은 매 사업연도 개시일로부터 45일 이내를 원칙으로 하고, 상법 또는 금융회사의 지배구조에 관한 법률에 따라 감사위원회가 설치된 경우에는 매 사업연도 개시일 이전에 감사인을 선임하도록 하고 있다.

인식될 수 있다. 감사인은 감사절차의 성격, 시기 및 범위를 결정하거나 왜곡표시사항이 재무제표에 미치는 영향을 평가함에 있어서 중요성의 설정이 필요하다.

둘째, 회사의 영업악화는 감사인이 자산손상에 따른 비용인식에 주목하게 하여 비용을 가속화시킬 수 있다. 회사의 영업악화는 그 자체로 인한 이익감소 이외에도 자산의 가치 하락에 따른 손상이 이루어질 수 있다. 예를 들어, 매출이 감소하는 경우 이는 회사 자체의 문제일 수도 있지만 산업 전반적인 문제일 수도 있는데, 이 경우 동일한 산업인 거래처도 영업악화에 따른 신용위기가 존재할 수 있어 매출채권 손상문제가 대두될 수 있다. 또한 영업악화는 판매가 하락 또는 재고자산 진부화로 인해 평가손실, 폐기손실 또는 감모손실이 발생할 수 있으며 영업자산의 손상징후가 될 수 있으므로 설비 등의 유·무형자산의 손상도 고려되어야 한다. 따라서 감사인이 영업악화 시 평가, 폐기 및 손상에 감사노력의 추가 투입이 이루어지는 경우 평가, 폐기 및 손상에 따른 비용인식이 가속화될 수 있다.

일반적으로 감사보수는 감사인이 일방으로 결정하지 않고 수요와 공급의 결과로 나타나는 것이기 때문에 감사위원회 능력 등의 수요 측면과 소송위험 또는 대규모, 산업전문감사인 등의 공급 측면에서 연구가 진행되어 왔다. Defond and Zhang(2014)은 현실에서 감사위험 프리미엄의 존재 자체는 명확하지만 이러한 프리미엄이 높은 감사품질, 과점에 따른 가격 또는 위험 프리미엄 여부는 불명확하기 때문에 감사품질 설명력과 연계된 실증적인 증거의 필요성을 주장하기도 하였다.

이러한 감사위험 프리미엄이라고 할 수 있는 비정상 감사보수의 선행연구에서는 감사품질 등에 대한 영향은 상반된 결과를 제시하고 있으며, 이에 따라 비정상 감사보수의 회계 또는 자본시장에 미치는 영향을 긍정적으로 또는 부정적으로 보고하고 있다.

긍정적인 연구는 다음과 같다. Eshleman and Guo(2014)는 경영진의 인센티

브를 통제하면 비정상 감사보수가 높을수록 감사인의 노력이 더 투입되어 감사품질이 높아진다고 보고하고 있다. Blankley et al.(2012)은 감사보수가 후속적인 재무제표 재작성과 양의 관련성이 존재한다는 선행연구들과 다르게 비정상 감사보수는 후속적인 재무제표 재작성과 음의 관련성을 가지는데, 이는 높은 보수를 수취하는 감사인이 보다 높은 수준의 노력을 투입하거나 부정확성 위험을 경감하는 의미라고 보고하고 있다. 이와 유사하게 Lobo and Zhao(2013)도 감사노력에 따른 재작성가능성과 감사받지 않은 분기 재무제표의 재작성효과를 통제하면 감사보수와 비정상 감사보수가 재무제표 재작성과 음의 상관관계를 가진다고 보고하고 있다.

손성규 등(2006)은 감사품질과 감사인의 직급별 감사투입시간의 관계를 분석한 결과, 전체 감사시간이 많아질수록 재량적 발생액을 통한 이익 조정이 억제되며, 담당 파트너의 상대적인 감사투입시간이 높을수록 재량적 발생액은 작아진다고 주장하고 있다. 신찬휴(2015)는 비정상 감사보수와 계속기업불확실성 의견 표명 간에 양의 관련성이 나타나 비정상 감사보수가 감사의 고유한계로 인한 보험적 성격을 나타낸다고 하며, 박종일과 박찬웅(2006)은 비정상 감사보수와 비정상 감사시간은 유의한 양의 관계로 높은 감사보수를 받는 경우 더 많은 감사시간의 투입이 이루어진다고 보고하고 있다. 박종일과 전규안(2018)은 비정상 감사보수가 재량적 발생액과 실제이익조정에 평균적으로 음의 관계가 있음을 보고하였다

이에 반해 부정적인 연구는 다음과 같다. Choi et al.(2010)은 비정상 감사보수 수준에 따라 감사인의 반응은 다르게 나타나며, 음의 비정상 감사보수에서는 비정상 감사보수가 감사품질과 관련성을 나타내고 있지 않지만 양의 비정상 감사보수에서는 비정상 감사보수가 감사품질과 음의 관계를 나타낸다고 보고하고 있다. Asthana and Boone(2012)은 정상보다 낮은 감사보수가 증가하면 감사품질이 하락하며 이는 회사의 협상력이 높을수록 그 효과가 강화된다는 연구결과를 제시하고 있다. 또한 박종일과 최관(2009)은 비정상적으로 낮은 감사보수가

감사인의 감사품질을 훼손할 수 있으며 감사시간이 비정상적으로 많이 투입된 경우 감사품질이 향상된다고 주장한다. 이와 더불어 류승우 등(2015)은 감사투입시간이 증가할수록 재량적 발생액은 억제되고, 파트너의 비정상 감사시간은 재량적 발생액과 음(−)의 관계가 있음을 제시하였다. 즉 파트너의 초과감사 투입시간은 감사품질을 제고한다고 주장하고 있다.

마희영과 권수영(2010)은 오류수정발생과 비정상 감사보수와의 관계에서 양의 관계가 나타나 비정상 감사보수가 높을수록 감사품질과 재무보고의 질이 낮아지는 것으로 보고하고 있다.

3.2 측정모형

비정상 감사보수와 비정상 감사시간을 추정하기 위하여 식 (4−14)를 이용하여 특정 기업의 정상 감사보수와 정상 감사시간을 추정한다. 비정상 감사보수(감사시간)는 Simunic(1980), Blankley et al.(2012) 및 마희영과 권수영(2010) 등의 방법론에 따라 식 (4−14)에서 잔차(ε)로 측정된다. 종속변수는 당기 감사보수의 자연로그값(LNAF) 또는 감사시간의 자연로그값(LNAH)이며, 감사보수의 결정요인들로서 전기 기업규모(SIZE), 전기 재고자산 및 매출채권비율(IVREC), 전기 유동비율(LIQ), 전기 부채비율(LEV), 전기 ROA, 전기 손실 여부(LOSS), 전기 매출성장률(GRW), BIG4 여부, 외국인지분율(FORN) 및 초도감사 여부(AC)이다.

$$\begin{aligned} LNAF_{it}(LNAH_{it}) = {} & \alpha_0 + \beta_1 SIZE_{it-1} + \beta_2 IVREC_{it-1} + \beta_3 LIQ_{it-1} \\ & + \beta_4 LEV_{it-1} + \beta_5 ROA_{it-1} + \beta_6 LOSS_{it-1} \\ & + \beta_7 GRW_{it-1} + \beta_8 BIG4_{it} + \beta_9 OPN_{it} \\ & + \beta_{10} FORN_{it} + \beta_{11} AC_{it} + \beta \sum ID + \beta \sum YD + \varepsilon_{it} \end{aligned} \tag{4-14}$$

여기서,
LNAF: 감사보수에 자연로그를 취한 값
LNAH: 감사시간 자연로그를 취한 값
SIZE: 전기 총자산에 자연로그를 취한 값
IVREC: (전기 재고자산+전기 매출채권)/기초총자산
LIQ: 전기 유동자산/전기 유동부채
LEV: 전기 총부채/전기 총자산
ROA: 전기 총자산이익률
LOSS: 전기에 손실이 발생했으면 1, 그렇지 않으면 0
GRW: 전기 매출액 변동률
BIG4: Big 4 제휴법인이면 1, 그렇지 않으면 0
OPN: 적정 감사의견이면 1, 그렇지 않으면 0
FORN: 외국인 투자자의 지분율
AC: 초도감사기업이면 1, 그렇지 않으면 0
ID: 산업별 더미변수
YD: 연도별 더미변수

3.3 최근 관련 연구

정훈과 백혜원(2019)은 비정상 감사보수의 원인이 감사원가의 대가인지 여부를 분석하였다. 실증분석 결과, 비정상 감사보수는 총비용과 판매비와관리비에서 비대칭성을 새로이 발생시키고, 하방탄력적인 매출원가와 영업외비용에도 원가를 증가시키는 효과가 존재한다고 주장하였다. 이 연구는 비정상 감사보수가 감사인의 지대 또는 유착관계 등 감사품질과 무관한 상황과 연계되는 것이 아닌 추가적인 감사수행에 대비한 것으로 감사원가와 관련성이 있다는 점에 연구의 공헌이 있다.

이상호와 최승욱(2018)은 비정상 감사보수와 적정감사보수의 미래 주식수익률 간에 체계적 차이가 있는지를 분석한 결과, 적정감사보수 포트폴리오를 매수하고 과소감사보수 포트폴리오를 매도하는 헤지 포트폴리오의 수익률은 유의한 양(+)의 값을 보이고 있음을 제시하였다. 또한 초과감사보수 포트폴리오를 매

수하고 과소감사보수 포트폴리오를 매도하는 헤지 포트폴리오의 수익률 역시 유의한 양(+)의 값을 나타낸다는 연구결과를 제시하였다. 이 결과는 초과감사보수는 감사원가가 높은 피감사기업에 대해 감사인이 추가적으로 투입하는 감사노력에 보다 밀접한 관련이 있는 것을 의미한다. 또한 과소감사보수에 비해 적정이나 초과감사보수기업의 투자자들이 보다 높은 수익률을 올릴 수 있다는 것은 초과감사보수 혹은 적정감사보수를 투자자들이 주가에 제대로 반영하지 못하고 있다는 것으로 해석하고 있다.

3.4 참고문헌

권수영, 신현걸, 정재연. 2006. 감사시간과 감사보수가 이익조정에 미치는 영향. 회계학연구, 31(4): 175-201.

김호중, 김진욱. 2019. 비정상 감사보수와 이익조정: 계정분류를 통한 이익조정을 중심으로. 국제회계연구, 88: 1-20.

류승우, 이종천, 김응길, 한승수. 2015. 감사시간과 내부 심리시간이 감사품질(재량적 발생액)에 미치는 영향. 회계학연구, 40(4): 213-246.

마희영, 권수영. 2010. 비정상 감사시간 및 감사보수가 오류발생에 미치는 영향, 회계와 감사연구, 51: 119-155.

박종일, 박찬웅(2006), 비정상 감사보수와 감사품질이 비정상 감사시간에 미치는 영향, 회계와 감사연구, 45: 119-159.

박종일, 전규안(2018), 비정상 감사보수 및 감사시간과 감사품질 간의 관계 재분석, 세무와 회계저널, 19(5): 9-53.

박종일, 최관. 2009. 비정상적인 감사보수와 감사시간이 재량적 발생액에 미치는 영향. 세무와 회계저널, 10(3): 257-293.

손성규, 신용인, 이영한. 2006. 직급별 감사투입시간과 감사위험 및 감사품질과의 관련성에 관한 연구: 파트너 감사투입시간을 중심으로. 회계 · 세무와 감사 연구, 44: 335-362.

신찬휴. 2015. 비정상 감사보수의 발생원인에 관한 실증적 연구, 피감사기업과의 유착관계인가? 고유한계에 의한 불확실성인가? 회계정보연구, 33(4): 277-311.

이상호, 최승욱. 2018. 비정상감사보수의 시장이상현상에 관한 연구: 투자자들은 비정상감사보수를 인지하고 있는가? 회계저널, 27(1): 1-37.

정훈, 백혜원. 2019. 비정상 감사보수는 감사원가의 대가인가?: 원가비대칭성 모형으로 살펴본 비정상 감사보수의 성격. 회계와 정책연구, 24(3): 107-135.

Asthana, S. C. and J. P. Boone. 2012. Abnormal Audit Fee and Audit Quality. *Auditing: A Journal of Practice & Theory*, 31(3): 1-22.

Blankley, A. I., D. N. Hurtt, and J. E. MacGregor. 2012. Abnormal Audit Fees and Restatements. *Auditing: A Journal of Practice & Theory*, 31(1): 79-96.

Choi, J. H., J. B. Kim, and Y. Zang. 2010. Do Abnormally High Audit Fees Impair Audit Quality? *A Journal of Practice & Theory*, 29(2): 115-140.

Defond, M. and J. Zhang. 2014. A Review of Archival Auditing Research. *Journal of Accounting and Economics*, 58: 275-326.

Eshleman, J. D. and P. Guo. 2014. Abnormal Audit Fees and Audit Quality: The Importance of Considering Managerial Incentives in Tests of Earnings Management. *A Journal of Practice & Theory*, 3(1): 117-138.

Lobo, G. J. and Y. Zhao. 2013. Relation between Audit Effort and Financial Report Misstatements : Evidence from Quarterly and Annual Restatements. *The Accounting Review*, 88(4): 1385-1412.

Simunic, D. A. 1980. The Pricing of Audit Services : Theory and Evidence. *Journal of Accounting Research*, 18(1): 161–190.

4 감사품질과 감사인의 산업전문성

4.1 개념

기업과 투자자 등 이해관계자들 간의 정보비대칭 수준이 높을 때 기업은 가능하면 이를 감소시킬 유인으로 차별적 감사(differential audit)에 대한 수요를 가지며, 경영자에 대한 대리비용이 큰 경우에도 이를 낮추기 위하여 주인인 주주들은 고품질의 감사인을 선임할 유인을 갖게 된다.

일반적으로 감사인의 감사품질(audit quality)은 감사인 규모(auditor size)와 감사인의 평판(reputation)으로 측정되어 왔다.[7] 특히 감사인의 규모는 BigN 그리고 감사인의 평판은 산업전문감사인(industry specialist auditors)으로 다음과 같이 정의된다.

먼저 감사품질의 대용치로서 감사인의 규모(BigN 여부)이다.[8] 감사인의 규모가 클수록 명성의 훼손으로 인한 손실이 큰 동시에 피감사법인에 대한 경제적 의존도가 낮기 때문에 감사품질이 상대적으로 높다는 것이다. 전문성이 동일하다 할지라도 규모가 큰 감사인이 독립성이 높기 때문에 높은 감사품질을 제공하며, 대형회계법인이 감사한 경우 재량적 발생액이 작다(Francis et al., 2005).

또한 감사품질의 대용치로서 감사인의 산업전문성이다. 감사품질이 산업특성에도 영향을 받을 수 있기 때문에 해당 산업지식을 가지고 피감사법인(기업)이

7) 이 감사인의 규모와 평판뿐만 아니라 권수영과 기은선(2011)은 감사품질의 대용치로서 감사시간을 사용함으로써 감사계약별로 감사인이 얼마나 노력을 기울이느냐에 따라 감사품질이 달라질 수 있음을 고려하기도 하였다.

8) 일반적으로 외국의 Big4 회계법인과 제휴를 맺고 있는 국내 회계법인을 BigN으로 정의하였으며, 연도별 현황은 다음과 같다.
2001년: 삼일, 안건, 안진, 영화, 삼정
2002년~2003년: 삼일, 안건, 안진, 영화, 삼정, 하나
2004년: 삼일, 안건, 안진, 영화, 삼정, 하나, 하나안진, 한영
2005년: 삼일, 안진, 삼정, 하나안진, 한영
2006년~: 삼일, 안진, 삼정, 한영

속한 산업에 대한 이해가 충분한 산업전문감사인이 감사할수록 높은 품질의 감사서비스를 제공할 수 있다(Craswell et al., 1995). 따라서 산업전문감사인이 감사하면 채권시장이나 자본시장에서의 이익예측의 정확성을 높이고, 미래 현금흐름의 불확실성 수준을 낮출 수 있어 투자자들의 정보위험을 감소시킬 수 있다는 것이 선행연구들의 일관된 주장이다. 결국 산업전문감사인으로부터 감사받은 기업은 기업가치를 제고시키고 자본시장에서 상대적으로 낮은 비용으로 자본을 조달할 수 있다.

4.2 측정모형

일반적으로 감사인의 산업전문성을 측정하는 모형 및 방법론으로 시장점유율 접근법(market share approach)과 산업별 점유율 접근법(portfolio share approach)이 활용된다.[9] 먼저 시장점유율 접근법은 특정 산업 내에서 다른 경쟁자들에 비해 시장점유 면에서 우위를 차지하고 있는 감사인을 산업별 전문감사인으로 측정하는 방법이다. 특정 산업 내에서 시장점유율의 우위를 차지하고 있는 감사인은 특정 산업 내에서 가장 큰 지식기반을 보유하고 있으며, 규모의 경제와 감사품질의 향상을 통한 이익을 기대하고 산업별로 전문화된 감사기법 등을 갖추기 위해 막대한 투자를 하고 있다고 가정하고 있다.

구체적인 측정방법을 보면, 감사인의 산업전문성을 시장점유율 접근법에 따라 실제 감사보수를 기준으로 계산한 특정 감사인의 산업 내 시장점유율을 이용해 측정한다. 시장점유율을 측정하기 위해서는 산업 내 기업 수가 적정수준을 유지하기 위하여 연도별로 관측치가 10개 미만인 산업은 분석대상에서 제외하는 것이 일반적이다. 한편, 시장점유율 계산을 위한 산업 k는 중분류기준에 따라 구분한다.

9) 이 측정방법론은 권수영 등(2007)의 내용을 정리한 것이다.

i, j, k는 각각 감사인, 피감사법인, 피감사법인이 속한 산업을 나타낸다. I_k는 k산업에 속하는 감사인의 수를, J_{ik}는 k산업에 속하는 감사인 i의 피감기업 수를 의미한다. $MarketShare_{ik}$는 k산업에서 감사인 i의 시장점유율을, $AuditFee_{ijk}$는 k산업에 속하는 감사인 i의 피감사법인 j의 감사보수를 나타낸다(양승희와 송보미, 2020).

$$MarketShare_{ik} = \frac{\sum_{j=1}^{J_{ik}} AuditFee_{ijk}}{\sum_{i=1}^{I_k}\sum_{j=1}^{J_{ik}} AuditFee_{ijk}} \qquad (4-15)$$

물론 식 (4-15)에서 피감사법인이 지급한 감사보수, 즉 회계법인의 수익으로 측정하였지만, 배길수 등(2019)과 같이 피감사법인의 총자산으로도 측정이 가능하다.

그러나 이러한 시장점유율 접근법은 다음과 같은 한계점을 가지고 있다.

첫째, 회계법인이 주요 수익을 창출하기에는 작은 산업들 내에서도 산업별 전문감사인을 지정할 가능성이 있다. 둘째, 대부분의 BigN 회계법인들이 중요한 수익을 창출하기 위하여 산업별 감사기술과 전문성을 확보하기 위하여 투자하고 있는 대규모 또는 경쟁이 치열한 산업에 대해서는 산업별 전문성을 부적절하게 인식할 가능성이 있다는 것이다.

이러한 시장점유율 접근법의 한계점을 보완한 감사인의 산업별 점유율 접근법을 사용하기도 한다. 감사인의 산업별 점유율 접근법이란 개별 감사인별로 감사와 관련된 수입이 상대적으로 높은 산업에 대해서 동 감사인이 해당 산업의 전문감사인에 해당한다고 측정하는 방법이다. 이 방법은 산업 내에서의 시장점유율이 높지 않다 하더라도 감사인이 산업전문 지식을 개발하기 위하여 노력하고 있는 산업에 대해서는 동 감사인이 산업별 전문가로 정의될 수 있는 것이다.

구체적인 측정방법을 보면, 산업별 점유율 접근법에서는 Krishnan(2003)과 같이 각 감사인별로 포트폴리오 공유(portfolio shares)가 높은 상위 3개 산업에서 해당 감사인을 산업별 전문가로 측정하는 방법과 Neal and Riley(2004)와 같이 1/산업수를 기준으로 컷오프(cut-off)하는 방법이 있는데, 이를 각각 적용하는 것이다.

그러나 이 방법은 각 감사인의 상대적인 산업별 수입에 의하여 산업별 전문감사인을 판정하기 때문에 산업별 시장규모에 의하여 산업별 전문성이 왜곡될 수 있다는 한계를 가지고 있다. 즉 감사인이 특성화하려고 노력하고 있는 산업이라 하더라도 상대적으로 감사시장의 규모가 작으면 상대적인 감사수입이 작기 때문에 당해 감사인이 동 산업의 전문감사인으로 구분되지 못하는 결과를 보일 수 있다. 반대로 시장규모가 큰 산업의 경우에는 상대적으로 감사수입이 크기 때문에 산업별 전문성을 높이려는 투자나 노력 없이도 산업전문감사인으로 측정될 가능성이 있다.

이와 같이 시장점유율 접근법과 감사인의 산업별 점유율 접근법은 고유한 한계를 가지고 있으므로 감사인의 산업전문성을 이용하여 연구하고자 할 때에는 연구의 주제를 고려하여 가장 적합한 측정방법을 활용하는 것이 필요하다. 경우에 따라서는 연구결과의 강건성을 높이기 위하여 2가지 측정방법을 병행하여 산업별 전문감사인을 측정할 필요가 있다.

4.3 최근 관련 연구

양승희와 송보미(2020)는 산업전문가 감사인이 재량적 발생액의 수준으로 측정한 감사품질에 어떤 영향을 미치는 영향을 분석한 결과, 산업전문가 감사인이 감사한 피감기업들의 이익조정성향이 일반적으로 적다는 것을 발견하였다. 또한 이익의 하향조정을 적극적으로 수행한 피감사법인의 경우 산업전문가 감사인이 이익의 하향조정성향을 더욱 촉진한다는 것을 발견하였다. 이 연구는 국내 시장에서 산업전문가 감사인의 효과를 보여준다는 측면에서 중요한 시사점이 있다.

배길수 등(2019)은 산업전문감사인과 비전문감사인 사이에 직급별 감사시간 투입의 차이를 분석하였다. 분석결과, 파트너 수준에서 추정한 산업전문가는 파트너 투입시간이 비전문가에 비해 유의하게 높았으나, 감사법인 수준에서 추정한 산업전문가의 파트너 투입시간은 비전문가와 차이가 없다는 결과를 제시하였다. 한편, 산업전문성이 있는 감사법인이나 감사파트너의 수습회계사 투입시간은 비전문가와 비교해 차이가 없거나 오히려 더 낮은 경향이 있다고 주장하고 있다.

4.4 참고문헌

권수영, 신현걸, 정재연. 2007. 우리나라 감사인의 산업전문성. 회계저널, 16(4): 1-25.

배길수, 김정택, 최승욱. 2019. 산업전문감사인과 비전문감사인의 차별적 직급별 감사시간 투입: 감사법인과 감사파트너의 효과. 회계학연구, 44(5): 43-74.

양승희, 송보미. 2020. 감사인의 산업전문성과 감사품질 사이의 관계. 회계학연구, 45(1): 207-243.

Craswell, A., J. Francis, and S. Taylor. 1995. Auditor brand name reputations and industry specializations. *Journal of Accounting and Economics*, 20: 297-322.

Francis, J., K. Reichelt, and D. Wang. 2005. The pricing of national and city-specific reputation for industry expertise in the U.S. audit market. *The Accounting Review*, 80(1): 113-136.

Krishnan, G. V. 2003. Audit quality and the pricing of discretionary accruals. *AUDITING: A Journal of Practice and Theory*, 22(1): 109–126.

Neal, T. L., and R. R., Riley. 2004. Auditor Industry Specialist Research Design. *AUDITING: A Journal of Practice & Theory*, 23(2): 169–177.

| 찾아보기 |

기타

| 저자약력 |

윤성만(尹成萬)

육군사관학교 관리학(경영경제통합)전공
서울대학교 회계학 석사
서울시립대학교 세무전문대학원 세무학(세무회계전공) 박사
한국회계학회, 한국세무학회 및 정부회계학회 부회장 역임
세무학연구, 조세연구, 회계정보연구 및 가족기업연구 편집위원장 역임
현, 서울과학기술대학교 경영학과 교수

김지영(金芝暎)

서울과학기술대학교 경영학 석사, 정책학 박사
현, 서울과학기술대학교 경영학전공 외래교수
숭의여자대학교 세무회계 겸임교수
－강의분야는 회계원리, 재무회계, 원가회계, 회계학 연구 등
외부 자문 및 평가위원으로 활동
－(주)SK 등 대기업, 중소기업 회계 담당 근무

연구모형을 활용한 회계학연구의 이해

2023년 8월 25일 1판 1쇄 인쇄
2023년 8월 30일 1판 1쇄 발행

저　자 | 윤성만 · 김지영
발행인 | 이수영
발행처 | 도서출판 청람
서울시 마포구 독막로 288(대흥동, 세양상가 109호)
전　화 | 02)3272-2601～2
팩　스 | 02)3272-2603
E-mail | crbooks@daum.net
홈페이지 | http://www.crbooks.co.kr
등　록 | 2000년 8월 26일 제6-0509호

ISBN 978-89-5972-979-1　93320　[정가 25,000원]